DIE WEISHEIT VON ADLER

—

超訳 アドラーの言葉

エッセンシャル版

—

アルフレッド・アドラー
岩井俊憲　編訳

Discover

編訳者はじめに

アルフレッド・アドラー（1870年−1937年）は、オーストリアの精神科医・心理学者です。言わずと知れた「アドラー心理学」の創始者であり、フロイト、ユングと並ぶ「心理学三大巨頭」の一人とされます。

2013年に発売されベストセラーとなった『嫌われる勇気』（岸見一郎・古賀史健著、ダイヤモンド社）でその存在を知ったという人も多いでしょう。

それまでの日本では、フロイトやユングに比べて知名度も低く、知る人ぞ知るといった存在でした。1985年にアドラーを知って以来、公開講座やビジネス研修でアドラー心理学を伝えてきた私としては、ベストセラーになった際に「やっと日本でも」との思いを抱いたものです。

アドラーは、オーストリア・ウィーン郊外でユダヤ人の家系に生まれました。幼い頃は体が弱く、くる病や喘息などを患い、病気との戦いの連続だったといいます。また小柄であったため、一般的な身長と健康な体をもつ1歳4カ月上の兄・ジークムントに対する劣等感があったといいます。このような言葉を残しています。

「私の早期の記憶の一つは、くる病のために包帯をした私がベンチに座っていて、私の向かいに健康な兄が座っているという場面である。兄は楽々と走ったり飛び跳ねたり動きまわったりできるのに、私はどんな運動をするにも緊張と努力が必要であった」

こうした自身の病の経験があったからでしょう。1888年、アドラーは医師を目指しウィーン大学医学部に進学します。

アドラーのよく知られた功績の一つに、「劣等感」があります。「劣等感のアドラー」という言われ方をすることもあります。

この劣等感とは、「私は兄より背が低くて嫌だ」とか「体が弱いのがつらい」などのように、誰かと比べて、主観的に「自分は劣っている」と感じることです。

一方で「劣等性」は、客観的な属性で、「背が低い」「喘息を患っている」という欠点や欠損があるだけです。その「劣等性」を人と比べて、主観的に「自分は劣っている」と感じると「劣等感」になります。

しかしながら、この「劣等感」をアドラーは「悪くない」と言いきります。大事なのは、「劣等感をどう生かすか」だからです。

「劣等感があるからこそ、成長できる。糧《かて》にして努力できる」と考えたのです。まさにアドラー自身が、自分の体の弱さからくる劣等感がありながらも、それを糧にして医師になっています。

フロイトとの関係性

アドラーは眼科、のちに内科、そして精神科と分野を移行させていきます。

そして、フロイトと出会います。ただ、ここでよく誤解されていることがあります。アドラーがフロイトの「弟子」だという説です。

アドラーがフロイトの弟子であったことはなく、１９０２年にフロイトの招きに応じる形で九年間、共同研究に携わっていたと表現するほうが適切です。こんなエピソードが残っています。

ニューヨークのホテルで、欲求段階説でも有名なアブラハム・マズローとアドラーが夕食をとっていたときのことです。マズローがアドラーに「フロイトのもとで修業をしていたこと」について、それとなく質問してみました。すると、アドラーはとても怒り、「自分は一度だってフロイトの生徒であったことも、弟子であったことも、支持者であったこともない」と大声を出して反論したそうです。

似た出来事は、アドラーの60歳の誕生日の日にもありました。

彼がウィーン市から名誉市民の称号が与えられる公の席でウィーン市長がアドラーを「フロイトの功労のある弟子」と紹介したのです。アドラーは深く傷つき辱められた思いを抱いたようです。

普段は激怒するようなこともなく、温厚で寛容だったと彼の弟子や子どもたちによって語られているアドラーです。したがって「フロイトの弟子」扱いは、彼にとって怒りの導火線になっていたことがわかります。

さて、1911年にフロイトと袂を分かつことになったアドラーですが、その後、精神科医療の世界にもとどまらず、ウィーンのカフェテリアで人に会い、議論を重ねる市井の人として心理学を深めていきます。

アドラー心理学は、心を病んだ人ではなく、健康な人、普通の人のための心理学として発展を遂げていくのです。

さらには、医師として従軍した第一次世界大戦も大きな分岐点となります。

1916年、アドラーは軍医として大戦争を経験します。そこで大勢の負傷者やトラウマに苦しむ人たちと接することで、人間と人間とが手をとり合い協力することの大切さを感じたアドラーは、人間を育てること、教育に関心をもつのです。子どもの教育についても研究し、子どもが自己の能力を発揮し、社会的な関係を築くためには、適切な教育と支援が必要であると主張しました。

患者をもつ精神科医というよりは教育者になり、「教育」に重要感をもって取り組んでいったのです。

アドラーがわかりづらい理由

やがてアドラーは、オーストリアだけでなく、ドイツやイギリスなどヨーロッパ各地で講演をするようになります。さらには、１９２６年、初のアメリカ講演旅行に出かけます。

そこで人気を博したアドラーは、１９３０年代のアメリカにおいて最も謝礼の高い講演家となり、お抱え運転手付きでアメリカ各地を飛びまわることになったのです。

アドラーの本は、この時期に英語で出版されています。しかしながら、これがとてもわかりにくいのです。

なぜなら、56歳まで英語と無縁の生活を送っていたアドラーにとっては、英語がネイティブでなかったからです。アメリカでスターダムにのし上がり、１９３０年代にはアメリカで生活することが多くなったアドラーは、講演に忙殺される日々を送ります。本を執筆する時間も惜しまれるワーカホリック状態での唯一の趣味は、ハリウッド映画。そんな日々の中で、日常会話では不自由しないくらいの英語のレベルにはなっていました。

しかし、講演や執筆となると話は別です。自分がドイツ語なまりの英語で講演した内容をもとに出版しようとするも、原稿をじっくりと推敲する語学力も時間もなく、フリーランスの編集者に委ねるしかありませんでした。

こうしたことに、アドラーの本はわかりづらい、アドラー心理学は難しいと思われることの一端があるのです。

ちなみに、1927年にアメリカでW・B・ウルフによって訳され出版された『人間知の心理学』（日本では『人間知の心理学』と『性格の心理学』として2分冊）という本があります。アドラーの講演をもとに出版されたものです。

この本を出版したグリーンバーグ出版社は、哲学的、あるいは科学的な本というより自助（セルフヘルプ）本として売り出したため、難解な本にもかかわらず瞬く間に10万部以上を売りました。1920年代を通じてのフロイトの関連本すべての売り上げを上回るほどになったといいます。

このような人生を送っていたアドラーでしたが、その終わりは突然訪れます。

1937年5月、ヨーロッパへ講演旅行に向かったアドラーは、イギリススコットランドのホテルから散歩に出たところ、心臓発作のために路上で倒れます。そのまま、救急車の中で亡くなりました。67歳でした。

トラウマはある

このように欧米では、生存中から長く人気のあったアドラーでしたが、日本での人気や知名度は高くありませんでした。

それが変わるきっかけとなったのは、冒頭でもふれたように『嫌われる勇気』という本でしょう。「アドラー心理学」を哲学者と若者の対話形式で解説し、ベストセラーとなります。のちに発刊された『幸せになる勇気』と合わせて、日本国内だけで370万部、全世界で1200万部を超えています。

ただ、「嫌われる勇気」というタイトルにもあるように、人間関係に悩む人、「嫌われる勇気」をもてない人などに、人気を博したような面があります。

これは、日本人の二つの性質が関係しているように思うのです。

「同調圧力」と「承認欲求」の二つです。

日本には、「みんなと同じでなければならない」という足並みをそろえることを求められがちな同調圧力が強く、また、「みんなに好かれたい」「嫌われたくない」という承認欲求が強い傾向もあります。そこに、「嫌われる自由がある」という言葉が刺さったところがあるのではないでしょうか。

ただ、困ったこともあります。

アドラーの名を聞くと、とたんに「トラウマは、存在しない」説と「課題の分離」が初学者から出てくることです。

結論からすれば、この二つは、アドラー心理学のとらえ方として不十分なのです。

たしかに、アドラーの本には、このように書かれています。

「いかなる経験も、それ自体では成功の原因でも失敗の原因でもない。われわれは自分の経験によるショック――いわゆるトラウマ――に苦しむのではなく、経験の中から目的にかなうものを見つけ出す。自分の経験によって決定されるのではなく、経験に与える意味によって自らを決定するのである」

ただこの文脈は、経験の一例として「いわゆるトラウマ」と書いているのです。

これは、「どんなことを経験しようとも、その経験だけで自分の未来は決まらない」ということです。

例えば、親から虐待を受けた経験のあるすべての人が、非行に走ったり人生が苦しいだけのものになるわけではありません。親から虐待を受けたからこそ、自分の子どもには虐待しないと固く決心し実行する人や、虐待を防止する活動をする人だっています。

つまり、「親から虐待を受けた」という経験だけで、その後の人生は決まらないのです。

建設的な方向に行くか、非建設的な方向に行くかは、自分で選べる。

そういうことを説いているのです。

もちろんですが、経験の「影響」は受けます。虐待の影響は受けるけれども「決定打」にはならないということです。

「トラウマはある。トラウマの影響は受ける。けれども、それをバネにして、糧にして、自分でその後の人生の方向性を決めることはできる」ということなのです。

アドラー自身も第一次世界大戦のオーストリアの軍医として従軍し、その渦中やその後にトラウマに苦しむ兵士をたくさん治療していました。その経験からも、「トラウマはない」とは言っていません。

「課題の分離」は人間関係の最終解決策ではない

もう一つ、その本では「課題の分離」でも誤解を与えていました。こちらは、著者というよりも読者側の誤解によるものかもしれません。

「課題の分離」をここで簡単に説明しましょう。

恋人とのデート中に、恋人が不機嫌だったとします。つい「私、何かダメなことを言ってしまったかな」「どこかで機嫌を損ねてしまったのだろうか」と気にする人がいます。

しかしながら、あなたがどんな発言をしようと、どんな態度をとろうと、「不機嫌になる」のは相手の問題です。同じ言葉、同じ態度をとっていても、不機嫌になる人とならない人とがいるからです。

したがって、その人が「不機嫌」なのはその人の問題・その人の課題であって、あなたが気にする必要はない。

こうしたような意味が「課題の分離」です。

たしかに対人関係で、相手の態度に一喜一憂してしまうと、ふりまわされることになります。

相手には相手の考えがある。相手には相手の受け取り方がある。

そうとらえて、気にしすぎないことは大切です。

また、「相手の問題・課題なのだから」と考えると、相手の顔色を気にしすぎずに、自分らしく振る舞い、発言することもできます。

そのため、「人間関係が楽になった」「嫌われる勇気をもつと、人の顔色を気にしないで自分らしくいられる」などと助けになった人も多いことでしょう。これはこれで、大切なことと思います。

ただ、「課題の分離」は、人間関係に悩む人の「最終解決策」ではないのです。

「共同の課題」のための「課題の分離」

例えば、親子の関係です。親が「部屋を片付けてほしい」と言ったところ、子どもが不機嫌になったとします。

子どもが不機嫌なのは、子どもの課題です。子どもが「部屋を片付けない」のも子どもの課題です。

けれどもこのときに課題の分離をして、親が子どもに対し、「私は『部屋を片付けてほしい』と思っているが、その思いをどう受け取り、行動するかはあなたの課題であり、私の課題ではない」というスタンスをとったとします。「これはあなたの課題です。私の課題ではありません」ということです。けれどもそこで終わると、親の心は楽になっても、子どものほうは突き放されたように思うことがあります。子どもが「自分は大事にされてない」と感じたりするのです。

ですから、「部屋を片付けてほしい」と提案し、最終的に片付けるかどうかは「子どもの課題」ではあるけれど、「一緒に考えよう」と「共同の課題」を設定するのです。

この「共同の課題」を設定することが、人間関係に悩む人にとっての最終解決策であり、とても大切なポイントです。

「部屋を片付けてほしい」のは、「親の課題」です。親が勝手にかけた子どもへの期待です。

子どもがそれをどう受け取るかは「子どもの課題」です。

親自身が、「子どもが言うことをきかない」とイライラしたり、「片付けなさい！」と一方的に口を出してしまうと「相手の課題に土足で踏み込む」ことになってしまいます。

この場合、「課題の分離」を用いてお互いの課題をいったん分離し、その次にお互いが協力して取り組む課題として「共同の課題」を設定するのです。「夕飯までには片付ける」「ボックスに入れるだけにすれば片付けやすいのでやれる」などと、やり方や期限についてお互い落ち着いて相談し合うのです。

つまり「課題の分離」は、「いったんもつれてしまった人間関係の糸をほぐすためのもの」です。その先には、必ず協力関係を置いているのです。「課題の分離」は、いわば「共同の課題」の「前段階」のステップなのです。

「注意したのにいうことを聞かない」とか、「ちゃんと教えたのに何も変わらない」と怒る親は少なくありません。

こういう「私が〇〇したのに、相手は変わらない」という悩みは、親子でも上司部下でも、友人でも、パートナーでもよくある話です。人間関係をこじらせてしまう原因になりがちです。

こうした悩みに、「私の課題」と「相手の課題」を切り分け（課題の分離）、そのあとに、お互いどうしたらいいかを落ち着いて話し合うのが「共同の課題」なのです。

「課題の分離」の一面だけが取り上げられ評価されてしまった感がありますが、本来は、「協力のための手続きの一つ」なのです。

そして、「課題の分離」は、アドラーオリジナルのように考えている人も少なくないのですが、実は、アドラー心理学の普及を目的として私が経営するヒューマン・ギルドが１９８７年に開発した「愛と勇気づけの親子関係セミナー（ＳＭＩＬＥ）」が初出なのです。

それが、アドラーの作り出したノウハウのように思われている誤解をここで解いておきたいと思います。

なお、「共同の課題」について興味をもたれ、詳しく知りたい人は、この本の「購入者特典」をダウンロードしてご覧になってみてください（ダウンロード方法については、目次の最終ページ参照）。

人間は弱いから集団をつくる

アドラー心理学の本質には、「人間とは何か?」という問いがあります。人間は、個体で考えると弱い生き物です。弱いからこそ群れをつくり、協力し合い、道具を扱うようになったことから生き延びたという人類の種の歴史があります。ゾウやトラ、クマより弱い人間が万物の霊長になれたのは、集団をつくり、協力し合ってきたからなのです。

そうやって生き延びた人間だからこそ、集団・社会・共同体というものの存在は重要です。集団・社会・共同体なくして人間はない。それがアドラー心理学の基本にあるのです。

アドラー心理学で一番大事にしている考え方に「共同体感覚」というものがあります。

「共同体感覚」という言葉に耳慣れないものをもつ人もいるでしょう。また、アドラー心理学に関わる本を読んだことがある人なら、「あー、あれだ」と思う人もいるかもしれません。

アドラー心理学では「共同体感覚」という感覚を最重要コンセプトの一つに掲げています。「まず、これを学ばなければいけない」とも言っているくらいです。

ここで言う「共同体」とは、人間の集団のことです。ですから、小さいのであれば家庭や職場がそれにあたります。大きいものですと、地域社会、国家なども共同体です。

共同体感覚とは、共同体にいる仲間の人間に関心をもち、仲間を信じ、仲間の幸せや成長に役立とうとする信頼感や共感、貢献感をいいます。

さらには、所属している共同体に対して「居場所がある」「ここにいれば安心できる」と感じる所属感や感情を指します。

共同体感覚とは、こういった共同体に対する所属感・共感・信頼感・貢献感を総称した感覚・感情のことです。

アドラー心理学では、この共同体感覚を多くもつ人を、「社会のために自分は何ができるか」「チームの仲間のために自分はどうすべきか」を考え、行動できる人だと考えます。

カウンセリングや教育における目標ともみなされ、健全な精神のバロメーターだともいわれています。

アドラー心理学はよく「貢献の心理学」といわれますが、それはこの「共同体感覚」を重要視している姿勢からきているのです。

人間は弱いから目標に向かって努力する

先ほども述べたように、人間は、個体としては「弱い」「不完全」な生き物です。「弱い」「不完全」という意識、それが刺激となって思考や精神を発達させることで生き延びてきたのが人類です。

人間は、鳥のように翼がないから飛行機をつくり、魚のように泳げないから船をつくってきました。

そのため「弱い」「不完全」を補うために、常に、「目標」に向かって努力する行動習性が人間にはあると考えます。

「目標とする姿」と「現状」にギャップがあるからこそ、その目標に近づこうと努力するのです。

人は誰でも進化の可能性をもっている。

目標に向かって努力する。

アドラーは、そう考えたのです。

この「目標に向かって努力する」という習性は、人間の振る舞いや感情においてもそうです。

例えば、ある若手の部下が上司に反抗してばかりだとします。この場合、上司が原因だという人がいます。しかしながら、同じ上司であっても、反抗する部下もいれば、しない部下もいます。ですので、上司に原因があるわけではありません。

反抗的になるのは、その若手の部下に「働きたくない」という目的があるから。

目的・目標が間違った方向、非建設的な方向にあるだけなのです。人間のどんな行動・感情にも目的・目標がある。

こう考えるのがアドラー心理学なのです。

また、怒りっぽい人で、こう発言する人がいたりします。「ついカッとなって怒ってしまった。あんなことを言うあいつが悪い」。

けれども、「カッとなって怒る」のは、相手が誰でもそうなるわけではないものです。

相手が女性や弱い人ならカッとなったとしても、上司や体の大きい相手ならどうでしょうか。「カッとなって怒る」ことはなかったりするものです。

つまり、「怒る」のも相手しだいで、「目的」があるのです。

「怒る」ことの目的は、往々にして「相手を意のままに動かしたい」「相手を変えたい」などです。

人間の感情や行動には、「原因」があるのではなく、「目的」がある。

アドラー心理学の基本といえる考え方に、こうしたものがあるのです。

100年たっても新しい

アドラー心理学は、100年たっても古びない、むしろ時代がますます追いついてきた感のあるものです。

アドラーは「横の関係」を大切にしていました。上下関係で人間関係をとらえることは、精神的な健全さを失うものと見ていたのです。この考えは、今の世の中にはとてもあった考え方なのではないかと思います。

人間に「役割の違い」はあっても、人間に「上下」はない。これは親と子、教師と生徒、カウンセラーとクライアントでも同じです。

私はよくビジネスマン向けにセミナーや研修・講演を行うのですが、上司と部下は、役割の違いであって人間の立場の違いではないとお話しします。たまたま上司は、「上司」という役割をもっているだけで、部下より人間として上というわけではありません。人間に上下はないものです。

さらには、今、「心理的安全性」という言葉がビジネスの分野を中心に広がっています。

「生産性が高いチームは、心理的安全性も高い」。Googleが実践していることで有名になった考え方です。意見を言いやすく、お互い協力し合っているような心理的安全性があるチームでは、建設的な活動ができるのではないでしょうか。

この心理的安全性と、先ほどアドラー心理学で大切な概念とお伝えした「共同体感覚」は、非常に近い考え方なのです。

共同体感覚とは、共同体に対する所属感、共感、信頼感や貢献感などを総称した感情・感覚になります。

共同体に対して「居場所がある」「ここにいれば安心できる」という所属感をも含むのです。

社会の中に居場所がある、この組織にいれば安心だと思える、そういう感覚も大事にしているのです。そういう感覚があるからこそ、人は自分らしさを生かしてのびのびと貢献できるのだといっています。

こうした点から、「心理的安全性」と「共同体感覚」には近しいものがあると感じます。

100年前に語られたアドラーの言葉が、今も新しく受け止められるものであることに驚きを禁じえません。

貢献の心理学

人はそれぞれ違って当たり前、もちろん能力にも違いがあり、遺伝的に違うこともあります。個性もバラバラです。

一人ひとり違う人間が集まる共同体であっても仲間に信頼感をもち、自分の役割を果たし、仲間のために何ができるか、社会のためにどうすべきかを考えることが大切なのです。これが共同体感覚です。

この共同体感覚は、「お互い仲良くしよう」「ベタベタしよう」というのとはまた違った考え方になります。信頼関係やパートナーシップがあるうえで、お互いの共通の目的のために自分は何ができるかを考えることといえます。

２０２３年、ＷＢＣ（ワールド・ベースボール・クラシック）で日本の野球チームは優勝しました。大谷翔平選手の目覚ましい活躍もあって記憶に残っている人も少なくないのではないでしょうか。

個性も能力も異なるプロ野球選手たちですが、しかしながら、慣れ合うように仲良くしたわけではないでしょう。「仲良くご飯を食べに行って」とか「仲良くお話しして」というわけではありません。

お互いを尊敬し合い、信頼し合い、チームが勝つためには何ができるか。それを一人ひとりが考え、行動した結果ではないでしょうか。

このＷＢＣの例のように、共同体のため、つまり家族のため、チームのため、組織や会社のため、社会のため、「自分は何ができるか」という貢献の視点をとても重要としたのです。

アドラーが「貢献の心理学」と言われるのは、まさにここにあるのです。

アドラー心理学は「実践」してこそ

アドラー心理学は「実践」の学問でもあります。私はそう考え、アドラーを知ってから40年以上、ビジネスの現場を中心に、講演活動や研修、セミナーなどを行ってきました。アドラーと同じく、書斎の人ではなく、人と話し、人と交わりながら、市井の人の中に入ってきたのです。

そして、「アドラーの考え方とは何か」「アドラーの目指した世界は何か」などを伝えてきました。

その集大成といえる一冊を、このような形で出すことができてうれしく思います。

アドラー人気により、たくさんの書籍が出版されましたが、「アドラーの言葉」としながらもアドラー本人が語っていない言葉が少なからずあります。アドラー自身が語っているかのように流布しているのです。

けれども、この本は、『超訳 アドラーの言葉』です。先ほども述べましたが、アドラーの言葉は難解と思われがちです。そのアドラーの言葉を、現代に生きる私たちが理解しやすいよう、私なりに「超訳」してみました。

この本を手にしていただいたあなたに感謝申し上げます。

深く心に刺さった言葉、視点ががらっと変わった言葉、勇気をもらった言葉などがあったら、ぜひメモしたり、手帳に書いたりするなどしてみてください。そして折に触れて読み返してください。

自信を失いそうなとき、くじけそうなとき、困難にぶつかったときに、あなたの助けになるはずです。

この本が、あなたの一助となることを願っています。

岩井俊憲

超訳 アドラーの言葉　目次

II 人間関係の悩み

Ⅲ 愛・パートナーシップ

IV 教育において大切なこと

V 勇気をもつ

VI ライフスタイル（性格）

VII 人間とは何か

VIII 劣等感・劣等コンプレックス

IX 共同体感覚について

X 学び、理解したことを実践せよ

購入者特典

「課題の分離」「共同の課題」の手法について
解説した特別原稿をお届けします。
下のコードからダウンロードしてください。

特典ページURL

https://d21.co.jp/special/adler/

ログインID

discover3010

ログインパスワード

adler

I

「働く」ことの意味

001

人生には三つの課題がある

アドラー心理学が「人生の三大課題」と呼ぶものがある。それは、「仕事」「交友（仲間）」「恋愛・結婚（パートナーシップ）」の三つだ。

三つの課題は、大人になって社会に出ると直面することになる。そしてこの三つは、必ず「人間関係」から生まれる。

一人の人間の力は弱く、限界があるので、人間という「種」を存続させるためには、お互いに協力しないといけないからだ。だからこそ、「人間関係」は、私たちの存在の核となるものといえる。

『生きるために大切なこと』

002

協力し合い、分かち合う

この地球で私たち人間が生き続けるためには、どうすればいいか。

それは、私たち人間が、職業を見出し、仲間の人間と協力し合い、その結果得られた福利をお互いに分かち合うような行動をとれるかどうかという問題にかかっている。

さらには、人間が「男」と「女」という二つの性で生きており、人類の未来と存続が私たちの性生活に依存しているという事実に、自分たちをどのように適応させるかという問題でもある。

アドラー心理学は、この三つの主要テーマ、仕事、交友（仲間）、恋愛・結婚（パートナーシップ）のいずれにも属さない人生の問題はないととらえている。

『人生の意味の心理学　上』

003

今日の文明は、先人たちの努力の結晶

私たち現代社会に生きる人間が享受している文明のすべては、これまで人類のために貢献してきた人たちの不断の努力の賜物である。

人間という生き物が、もし協力的でなく、他者に関心をもたず、社会に貢献してこない生き物であったら、人間の人生は不毛であり、そもそも人類はすでにあとかたもなく地球上から滅んでしまっていただろう。

社会のため、未来のために貢献してきた人の仕事の結晶が、今の世の中なのだ。彼・彼女らの精神は生き続け、永遠である。

もし私たちが、このことを私たちの子どもを教育する際に、基本的に大事なこととして教えていれば、子どもたちは協力して仕事に取り組むことが自然と好きになるだろう。

『人生の意味の心理学　下』

004

自分なりの責任を果たせ

「分業」は、人間社会を維持するために必ず必要なものだ。誰もがみな、自分なりの場所で自分なりの責任を果たさないといけない。

これを分かち合わない人は、共同生活を、社会を、そしてそもそも「人類の維持」を否定することになる。結果、仲間の一人としての役割から脱落することになり、平和を乱す人になる。

「社会の一員として自分なりの責任を果たす」。これがあまりできない人は、礼儀知らず、乱暴もの、偏屈な人といわれるものだ。

そしてこれがほとんどできない人は、ならずもの、犯罪者になる。このような人たちが非難されるのは、つまりは、共同体・社会の中で生活するということと相容れないからだ。

『人間知の心理学』

005

一緒に働く人や顧客の要求を理解する

仕事で成功するかどうかは、周囲の人々や社会に適応できるかどうかにかかっている。一緒に働く人たちや顧客の要求を理解し、彼・彼女らの目で見て、彼・彼女らの耳で聞き、彼・彼女らの心が感じるように感じることのできる能力は仕事において大変重要なものである。

『生きるために大切なこと』

006

なんらかの形で社会に役立つ仕事をせよ

正常な人とは、社会にうまく適応し、自分の仕事がなんらかの形で社会の役に立っている人といっていい。

そして、問題が起きたり、困難な出来事が訪れても、十分なエネルギーと勇気をもって立ち向かっていける人ということもできる。

『生きるために大切なこと』

007

いつでも自分が一番では成功できない

この男の子が「人の上に立ちたい」という目的で仕事を探すのなら、見つけるのに苦労するだろう。誰の下にもならない仕事、誰とも協力しなくていい仕事は、そうそうないからだ。

けれどもこの男の子は、自分のことしか考えていないので、誰かの下で働く仕事でうまくいかないだろう。

さらにはそういう人間は、ビジネスにおいても信用されない。いつでも自分が一番なので、他者の利益、社会の利益を第一に考えられないからだ。

『生きるために大切なこと』

008

子どもにはいろんな仕事を見させよ

子どもが成長する過程で、いろんな仕事を見て知ることは価値のあることだ。そこからその子の行動パターンやどの程度共同体感覚や勇気をもっているかがわかるからだ。

『人はなぜ神経症になるのか』

009

「善い行い」には二つある

「向上したい」「理想の状態に近づきたい」という目的は、人生の建設的な面につながることもあれば、非建設的な面につながることもありえる。

例えば、「善い行いをしたい」という願望があるとき、可能性は二つある。

一つは、「本当に人のためになることをしたい」というとき、もう一つは、「ただ単に自慢したいだけ」というときだ。

『生きるために大切なこと』

010

偉大な業績は社会にとって価値があるもの

「人より優れていたい」「いまより上を目指したい」という思いが、有益で建設的なものか、それとも非建設的なものかを区別することができる。

それは「共同体感覚」に基づいているかどうかだ。

これまでに残された偉大な業績、大きな価値ある出来事の中で、共同体・社会にとってまったく意味のなかったものはない。私たちが素晴らしいと感じる偉大な業績や出来事を思い浮かべたとき、それは社会にとって価値があるものだ。

したがって、子どもに対する教育は、子どもが社会に関する連帯感、共同体感覚を高める形で行われるべきだ。

『子どもの教育』

011

心の問題を見抜くには

劣等コンプレックスは、ほとんど病気だ。そして、その症状がどこに出るかは、人によっても、状況によっても違う。

劣等コンプレックスをもっている人でも、仕事に自信があるなら、仕事の範囲では、その人から異常を感じられる面はない。けれども、人間関係や恋愛・結婚の面で劣等コンプレックスをもっている場合は、その分野で症状が出るのだ。

したがってその人の行動をいろんな面から観察していると、その人が抱える心の問題を見抜くことができるだろう。

『生きるために大切なこと』

012

人生の課題に対してどうしているか

その人が抱えている問題と、その問題がその人に与える課題について知らなければ、その人に対して正しい判断を下すことは難しい。

人が「人生の課題」に対してどのような態度をとっているのか、その際、その人の中で何が起こっているのかを知ることで初めて、その人の本質がわかる。

すなわち、課題に向かって進んでいるのか、ためらっているのか、立ち止まっているのか、おどおどと歩いているだけなのか、言い訳ばかりを探しているのか。それとも、それを乗り越えて成長するのか、あるいは社会に反する形で自分を誇示するために課題を放置するのか。そういうことがわかるのだ。

『生きる意味を求めて』

013

条件付きの向上心をもつな

「もし自分が怠けさえしなければ、大統領にだってなれる」と考える人がいる。この人の向上心は、「条件付き」の向上心だ。「もし」「～でなければ」という条件が付いている。本当の向上心とはいえない。自分のことを過剰に高く評価していて、自分は社会にとって役立つ立派な人間だと思い込んでいる。

もちろんこれは、幻想だ。しかしながら人間は、幻想であっても満足してしまうことが少なくない。

そして勇気が足りない人は、たとえ幻想の自分でも満足する。自分が弱いことがわかっているために、逃げ道を用意して逃げようとする。向き合わず、逃げることによって実際よりも強くて賢い幻想の自分を作り上げているのだ。

『生きるために大切なこと』

014

人は協力して仕事をし、役に立とうとする

子どもであれ大人であれ、多くの人間は、他者と結びつき、他者と協力しながら仕事を成し遂げ、社会の中で役に立とう、貢献しようとする傾向がある。

このような振る舞いは「共同体感覚」という概念で表現することが最適だ。この感覚のおおもとにあるのは、何か。もちろん多くの議論はあるだろうが、「共同体感覚」は、「人間ならではの特性」と称していいだろう。

『子どもの教育』

015

価値ある成果を残すために

価値があるかどうか、成功かどうかの判断というのは、結局、協力に基づいている。私たちの振る舞いや仕事、成果などすべてにおいて求められるのは、いつだって「人間が協力し合えることに役立つかどうか」という視点だ。

『人生の意味の心理学　上』

016

人生の意味は「貢献」だ

「人生の課題」を解決するためには、「協力する能力」が必要だ。すべての課題は、人間社会において、人類の幸福に貢献するやり方（方法）で、克服しないといけない。

人生の意味とは「貢献」である。そう理解する人だけが、どんな困難なことがあっても、勇気をもって取り組むことができ、成功のチャンスが与えられるものだ。

『人生の意味の心理学　上』

II

人間関係の悩み

017

他者に興味をもち、関心を寄せよ

充実した人生を送っている人間はいる。

そういう人は、他者に興味をもち、関心を寄せること、他者と協力することの大切さを十分にわかって行動している。

仲間とよく話し合い、そのうえで協力し合って行動している。もし困難なことがあったとしても、解決手段は、社会の利益になるような手段の中から解決しようとするものだ。

『人生の意味の心理学　上』

018

一人で生き、一人で対処するな

私たちのまわりには他者が存在する。そして私たちは他者と結びついて生きている。人間は、個人としては弱く限界があるので、一人では自分の目標を達成することができない。もしも一人で生き、問題に一人で対処しようとするならば、滅びてしまうだろう。自分にとっての人生すら続けることはできないし、ましてや人類の種の保存は難しいだろう。

『人生の意味の心理学　上』

019

仲間の人間に興味をもつ

人生において大きな困難に出合ったり、他人に大きな害を与えたりする人は、仲間の人間に興味をもっていない人だ。人間社会の失敗のすべては、そのような人たちが起こす。

『人生の意味の心理学　下』

020

人間は「共生」の問題と深く関わる

絶えず、どこからか、人間関係の課題がふってくるものだ。

これらの課題は、すべて人間の「共生」という問題と深く関わってくる。

この人間関係の課題は、一人の人間にとっては、常に何かしらの影響があるものだが、反対に一人の人間が社会に与える影響はほとんどないものだ。


『人間知の心理学』

021

#「友情」こそが共感を育てる

共同体感覚を育むことができる方法の一つは、「友情」だ。
私たちは、友情を通して、相手の目で見て、相手の耳で聞いて、相手の心で感じること
を学ぶ。

『人生の意味の心理学　下』

022

「その人に対する共感」を大事にする

私たちの抱える問題のほとんどは対人関係の問題だ。
対人関係の問題を解決したいなら、「その人がどう考えているか」よりも、「その人に対する共感」をもとに相手とコミュニケーションをとったほうがいい。

『人生の意味の心理学　下』

023

嫉妬はあらゆる人間関係に見られる

嫉妬とは、男女の愛情関係だけでなく、あらゆる人間関係においても見られる感情だ。子どもを見ればわかりやすい。他のきょうだいよりも上に行きたい、優れていたいがために、嫉妬の感情を心のうちで大きくして、敵対しようとする。

『性格の心理学』

024

自由を奪い、束縛する手段

嫉妬は、不信感、ひそかに様子をうかがうという特徴があり、軽んじられているのではないかと恐れる態度といえる。

嫉妬は、その人の悪口を言い、攻撃するのに役に立つだろう。けれども本当の目的は、その人から自由を奪い、その人を束縛したいだけなのだ。

『性格の心理学』

025

敵対心の強い人はつらい人生になる

周囲の人に敵対心をもちがちな人は、不安が大きい傾向があるものだ。

しかしながら、そうした態度をとることは、自分の人生をはるかにつらいものにし、社会から孤立してしまうことになる。その結果、平穏で実りある人生から遠ざかってしまう。

恐れや不安は、人生のあらゆる場面に関係あるものだからだ。

『性格の心理学』

026

「羨ましい」は努力・成長の糧に

嫉妬は、人間関係でよく見られる感情の一つであり、影響も大きい。嫉妬するのは、劣等感があるからである。

もちろん、どんな人であれ、他人を羨むことはある。少しくらいの嫉妬ならば害もない。ごく普通のことといえる。

けれども、嫉妬の感情は有効活用するようにしなければいけない。「羨ましい」という感情は、努力したり、課題に立ち向かったりする際に活用すべきだ。

そういう種類の嫉妬の感情であれば、有害になることはない。つまり、誰でももっている多少の嫉妬心は、「問題ない」といえる。

『生きるために大切なこと』

027

虚栄心は現実を見誤らせる

虚栄心は、ある一定レベルを超えると、非常に危険なものになる。人間は虚栄心をもつことによって、現実を見誤るようになるのだ。

人間関係を考慮せず、周囲の人間とコミュニケーションをとらずに、自分の思うままに行動するようになる。そして、一人の人間として社会にどう貢献すべきか、ということを忘れてしまう。

虚栄心は、他のマイナス感情とは異なり、人間のあらゆる自由な発達を妨害してしまう。なぜなら、常に「自分にとって有利なことは何か」ばかりを考えるようになるからだ。

『性格の心理学』

028

野心は「巨大な虚栄心」を隠しているだけ

虚栄心や尊大という言葉の代わりに、「野心」という言葉を使うことがある。美しい響きのある野心という言葉を使うことで、印象の悪化を避けようとするときにだ。

誇らしげに、自分がどれだけ野心があるかを語る人が少なくない。場合によっては「努力する姿勢」だけの意味で使うことがある。

しかしながらこの野心は、「社会に貢献する仕事や公共に役立つ場合」にかぎり、認めることができる。だがほとんどの場合、野心とは「巨大な虚栄心」を覆い隠そうとしているにすぎない。

『性格の心理学』

029

より大きな共同体の集合知で考えよ

コモンセンス（共通感覚・集合知・良識）による判断と、個人的な判断とを比較すると、たいていはコモンセンスのほうが正しい。

私たちは、コモンセンスによっていいことや悪いことを区別する。間違いやすい複雑な状況においても、コモンセンスに従って行動すれば、間違いは少ない。

しかし個人の判断で行動すると、いいことや悪いことの判断を間違えやすい。

『生きるために大切なこと』

030

社会生活の中で学ぶことの大切さ

社会生活の中で学ぶこととコモンセンスには、深い関係がある。それは、コモンセンスを使って課題を解決するということは、社会で蓄積された集合知を使って解決するのと同じようなものだからだ。

『生きるために大切なこと』

031

仲間との人間関係を考察せよ

ある人間の心の内面を理解するためには、その人の仲間との人間関係から考察しなければいけない。

『人間知の心理学』

032

自分の関心だけで動いてはいけない

私たちが反対しないといけない人は、「自分自身の関心だけで動く人」だ。こういう人の態度は、個人や集団にとって、最も大きな障害といえる。

どんな分野であれ、人間の能力は、仲間の人間に関心をもつときにこそ発達・発展していくものだ。

『人生の意味の心理学　下』

III 愛・パートナーシップ

033

結婚とは共に生きる決意

結婚とは、共に生きると決意すること。そして、お互いの人生を助け合い、豊かにすること。

そう考えることのできる二人であれば、結婚は建設的なものになる。

『人はなぜ神経症になるのか』

034

結婚できるのは「社会性を身につけた人」だけ

恋愛や結婚をきちんとできる人は、「社会性を身につけている人」だけだ。結婚生活が失敗するのは、たいてい「共同体感覚」が足りないことが原因だ。この問題を解決するには、当事者が変わるしかない。

結婚は、二人でするものである。しかしながら、これまでの社会生活で私たちは、「自分一人」で行うタスクか、「集団」で行うタスクのやり方は教わるが、「二人」の共同作業について教えてもらう機会は少ない。

しかし、教わってこなかったとしても、それぞれが自分のやり方で、自分の人格を高め、平等の精神を大切にすれば、よい結婚生活を送ることができるだろう。

『生きるために大切なこと』

035

パートナー選びで間違わないために

どうすれば、パートナー選びで間違わないか。そのことを考えるときは、身体的な魅力や振る舞いなどの他に、以下の三つの点を見るべきだ。

友との友情を保っているか。

仕事に打ち込んでいるか。

自分よりもパートナーに関心を示しているか。

このいずれかからも「共同体感覚がどの程度身についているか」がわかる。

『生きる意味を求めて』

036

結婚には「共感力」がいる

恋愛や結婚は、社会におけるどんな人間関係よりも、よりいっそうの「共感力」を必要とする。「相手の立場に立って考える」という特別な能力が欠かせないのだ。

結婚に向けて準備ができていない人というのは、他者の目で見て、他者の耳で聞いて、他者の心で感じるというトレーニングをしてこなかった人といえる。

『生きるために大切なこと』

037

批判ばかりする人は結婚する資格がない

結婚生活がうまくいくかどうかがわかるサインはたくさんある。例えば、正当な理由もなく約束の時間に遅れてくる人は信用できない。これは、まだ迷いがあり、結婚生活を送るに足る準備ができていない証だ。

相手を思い通りにしたがる。相手を批判してばかりいる。

こうした態度をとる人もまた、結婚生活を送る資格はない。

『生きるために大切なこと』

038

相手のために何ができるか

「人類の幸福」に関心がない人がいる。そういう人は、人生の根底に「私は、人類のためにどんな貢献ができるか」「私が、この社会のためにできることは何か」という問いをおかずに、「私の人生にとって得るものはあるか」「私は社会から賞賛される存在だろうか」ということばかりを気にする。

そして、愛・結婚においても同じような態度をとりがちだ。

すなわち、彼・彼女は、こうたずねるのだ。

「私は、愛・結婚から何を得ることができるのか?」と。

『人生の意味の心理学　下』

039

結婚の準備ができていない人の特徴

共同体感覚が発達しているかどうかを見分ける方法は、建設的に生きている人の特徴を思い出すといい。

建設的に生きている人は勇気があり、自分に自信がある。人生の課題にぶつかったときであっても、正面から立ち向かい、解決策を見つけようとする。仲間がいて、友人がいて、周囲の人ともうまくやっている。

そういった特徴をもっていない人は、信頼に足る人物とはいえず、結婚への準備もできていないといえる。

『生きるために大切なこと』

040

妬み深い人は、弱い人だ

「羨ましい」ではなく、「妬ましい」と感じる嫉妬心は、人生において非建設的な態度につながる。妬み深い人は、どうしても建設的な人物にはなれない。

さらに、妬みの感情は、深く刻み込まれた劣等感から生まれる。

妬み深い人は、パートナーをつなぎとめておく自信がない。したがって、いつも嫉妬の感情を出すことでパートナーを動かそうとする。その結果、自分の弱さを露呈することになるのだ。

『生きるために大切なこと』

041

「平等」あってこそ、愛は正しい道を歩む

「平等」という人間関係の基礎があって初めて、愛は正しい道を歩むことができ、結婚はうまくいく。

『生きるために大切なこと』

042

「女性的」「男性的」の過ち

「女性は劣っている」という偏見が、次のような二つの概念に分裂させてしまうことがある。

「男性的」という言葉が「価値がある」「力がある」「優れている」といった概念と結びつけられる。

他方、「女性的」という言葉が「従順である」「献身的である」「劣っている」といった概念とすぐに結びつけられやすい。

こういった思考回路は、人間の思考の中にかなり深く根を下ろしてしまっている。よって私たちの社会は、優れたものはなんでも「男性的」な特徴があり、価値のないものや避けるべきものは「女性的」と言われがちだ。

『人間知の心理学』

043

「女性は劣っている」という偏見の悲劇

文化にいったん偏見が広まると、それはあらゆる場所にはびこり、さまざまな場面で感じとれるものになる。

したがって、「女性は劣っている」という偏見と、それに結びついた「男性は優れている」という偏見は、今も男女の調和を乱し続けているのだ。

その結果、無駄な争いを生み、時に、あらゆる愛情の中に入り込み、幸せの可能性を脅かし、愛を壊してしまう悲劇も多数起こっている。

『人間知の心理学』

044

夫婦のどちらも服従してはいけない

夫婦とは、「仕事」と「交友（仲間）」の共同作業である。その中において、どちらかが服従するということがあってはならない。

二人の関係がまったくの対等ということは、一つの理想にすぎないかもしれない。だが、それがどのくらいできているかを見れば、一人の人間として文化的な進歩を遂げているか、理想の状態からはどのくらい離れているのか、どこが間違いなのかを知るためのものさしにはなるだろう。

『人間知の心理学』

045

愛と結婚の意味とは最も親密な献身だ

「愛と結婚とは何を意味するのか」と問われたら、私は不完全ではあるが、次のように定義する。

結婚で成就する愛は、異性のパートナーに向けられる最も親密な献身だ。

それは、身体的な魅力をもつ、パートナーとしてふさわしくあろうとする、子どもをもつという決意でもある。

『人生の意味の心理学　上』

046

結婚は二人の幸せ、子どもの幸せ、社会の幸せ

結婚は、お互いにとっての幸せ、子どもたちにとっての幸せ、社会にとっての幸せを実現するパートナーシップであるべきだ。

このいずれかの点でも失敗すれば、いい結婚とは言いがたい。

『人生の意味の心理学　上』

Ⅳ 教育において大切なこと

047

子どもの能力は、育み、伸ばすことができる

アドラー心理学は、楽観的な見通しをもっている。子どもの才能や能力は生まれつきではない。育み、伸ばすことができると考えている。

『教育困難な子どもたち』

048

子どもに対等な人間として接する

私たちは、自分の子どもに友人として、あるいは対等な人間として接するべきだ。

『子どもの教育』

049

まず、親の協力する能力が大事

子どもが人間社会の中で最初に経験する「協力」は、親との協力である。だから、親の協力する能力が劣っているならば、子どもに協力的な人間になるように教えられる望みは少ないといえる。

『人生の意味の心理学　上』

050

親は「信頼できる他者がいる」ことを示せ

親の一番初めにする大きな仕事は、自分の子どもに「信頼できる他者がいる」という経験を与えることだ。

のちに親はこの信頼感を、家族、友人、学校、地域社会、人間社会というように、子どもがいる社会のすべてを包み込むまでに大きく広げていかなければならない。

もし、親がこの最初の大仕事に失敗してしまったら――すなわち、子どもの関心や愛情、協力を得ることに失敗したなら――その子どもは共同体感覚や仲間とつながっている気持ちをもつことが難しくなるだろう。

どんな子どもであっても、本来、「他者に関心をもつ能力」はもっている。けれども、この能力は、育てて鍛えていかなければいけない能力だ。それができないと、子どもの成長に大きな弊害が出るだろう。

『人生の意味の心理学　上』

051

適切な教育には心理学の知識が必要だ

子どもの教育はどうしたらいいのか。

これは、今の世の中で一番の問題といえる。そしてアドラー心理学が大きく貢献できる分野だ。

家庭での教育にしろ、学校での教育にしろ、目的はただ一つ。

子どものそれぞれの個性を引き出し、正しい方向に導くことである。

よい教育を行うためには、心理学の知識が必要となる。すべての教育は、「生きる技術」という心理学の一分野ともいえるのだ。

『生きるために大切なこと』

052

愛によって依存的にさせてはいけない

親は、子どもを自分の思ったように愛することができるが、だからといって子どもを愛によって依存的にしてはならない。親には、子どもが自立して生きることができるよう育てる義務がある。

よって生まれて間もない頃から、子どもが自立的に生きるトレーニングを始めることが大切だ。

もし、親が子どもに対して、何もしなくても自分の思いどおりになるという印象をもつなら、その子どもは、愛について根本的に誤解したまま育つことになる。

『アドラーのケース・セミナー』

053

甘やかされた子どもの特徴

甘やかされた子どもたちも、憎まれたタイプの子どもたちも、みんな共同体感覚をもっていない。他の人に関心をもっていないのだ。

甘やかされて育つと、「自分の幸せ」にしか関心をもてなくなる。憎まれて育つと、「仲間がいる」ことを知らない。「仲間の存在」を経験したことがないからだ。その結果、自己中心的な関心だけが育っていく。

だが、これらの傾向は、けっして生まれつきのものではない。生まれてから数年の経験から学んだことなのだ。

これらの問題の根底にあるのは、子どもたちが「共同体（社会や家庭）」に属しておらず、受け入れられてないと感じてしまうことから起こりえる。

「社会の一員である」という意識も、このような状態では子どもの中に育たない。

『教育困難な子どもたち』

054

甘やかされた子どもは好かれない

子どもは、いつだって輪（組織や社会）からはずれることで注目を集めようとする。したがって、甘やかされた子どもが学校では同級生から好かれないというのは本当のことだ。からかわれたりして、子どもっぽい、自立していないなどと思われる。

小学校であっても、すでに子どもたちの間には「共同体を求め、結びつきを求める」傾向が見てとれる。これは、見逃すことのできない、絶対的な人間の習性・能力といえる。

『教育困難な子どもたち』

055

「社会の一員」であるよう育てる

家庭や学校の役割は、子どもたちが、社会の一員として働くことのできる人間であるよう、人類の一人として貢献できるような人間であるよう教育することである。

こうした家庭や学校で育ったとき、子どもは勇気をもち続けることができ、人生の課題がふりかかってきたとしても安心感をもって、他者にもメリットがあるような建設的な解決策を見出すことができる人間になるのである。

『人生の意味の心理学　下』

056

建設的な人生の目的をもっているか

どんな子どもであっても、その子どものライフスタイル（性格）〔*〕を理解し、評価することは簡単だ。子どもは、人生の課題にぶつかるとすぐに、課題に対する準備ができているかどうかが見てとれる。

勇気があるかどうか、他者に対する共感力をもっているかどうか、そして建設的な人生の目的をもっているかどうか、で測ることができる。

『子どもの教育』

*日本語ではしばしば「性格」とも訳されるが、アドラー自身は「ライフスタイル」と表現した。

057

子どもの成長のバロメーターとは

「共同体感覚」は、正常な成長を遂げているかどうかをみるのに、重要な手がかりだ。共同体感覚を失ってしまう経験は、子どもの精神の成長にとって、恐ろしいほどの悪影響になる。共同体感覚は、子どもの成長にとって、正常であるかどうかのバロメーターなのだ。

『子どもの教育』

058

学校は家庭と社会を結ぶ架け橋

「学校」とは、「家庭」と「社会」を結ぶ架け橋といえる。

そう考えると、この少年が社会に出たときの姿が想像できるのではないか。

社会は学校のように甘くない。自分ばかりがチヤホヤされることもない。家では、いい子で学校の成績もよかったとしても、社会に出ると役に立たなくなる人がいる。社会に出て役に立たない人というのは、メンタルを病み、精神疾患で完全に病気になってしまうような人だ。そういう人を見てびっくりする人は多い。

彼は、家庭や学校で贔屓され、うまくいっていたがために本来の気質やライフスタイルの原型が隠れてしまっていたのだろう。

それが大人になり、社会に出て、困難にぶつかったときに原型が表に現れ、それが意外な形だったためにまわりの人が驚くにすぎない。

『生きるために大切なこと』

059

体罰はしてはいけない

あらゆる体罰に対して、私は反対の立場をとることを知っていただきたい。私は、相手に変化を促すときも、その子の児童期初期の状況を知ろうとし、「説明」や「説得」を用いる。私とは逆のやり方、つまり子どもを叩いたりして、どんないい結果が得られるというのか。

この子が学校で失敗したからといって、それが彼を叩く正当な理由にはけっしてならない。この子が文字を読めなかったのは適切な教育を受けてこなかったからであり、彼を叩いたとしても教育効果は望めない。この子が「失敗したら叩かれる」と学ぶだけで、不快な状況から逃げるために、学校をズル休みするといったような学習しか生まれない。

「叩く」という状況を、子どもの視点から見てみるといい。そうすれば、これは「つらい、苦しい」という感情を増やすだけだということがわかるだろう。

『アドラーのケース・セミナー』

060

罰や説教は子どもにとってよくない

子どものライフスタイル形成を考えたときに、重要なことを指摘しておきたい。「罰を与える」「叱る」「説教する」という方法は、子どもにとっていい影響はないということだ。

「どこを変える必要があるのか」という点を、子どもはもちろん大人もわかっていないなら、いくら叱っても何も成果はない。

「なぜ叱られたのか」「どこを変えるべきか」などを理解できない子どもは、ずる賢くなり、臆病になるだけだ。その子のライフスタイルの原型は、罰や叱ることでは変えられない。

その子の中では、すでに、「ものごとの意味づけ」「どのように受け取るか」といった認識のクセ・方法ができ上がっていて、そのクセ・方法を通して、「罰を受けた」「叱られた」という経験を受け止めるからだ。

まずは、原型、根底にあるライフスタイルを理解しないと、何も変えることはできない。

『生きるために大切なこと』

061

思春期は子どもにとっての試練

思春期にはたくさんの危険がある。したがって思春期に人のライフスタイルが変わることがあるという人がいるが、それは真実ではない。

思春期というのは、成長する子どもに、新しい環境と試練を突きつけているだけなのだ。

『人生の意味の心理学　下』

062

適切な教育を受ければ思春期に問題はない

子どもが、自分を社会において対等な一人の人間だと感じることができ、組織や社会（共同体）に貢献するよう教育を受けてきたとする。さらには異性をパートナーであり、対等な人間だと思うように教育を受けてきたとする。であれば、その子どもにとって思春期は問題ではない。

大人になるための課題に対し、自分なりに考え、自分で解決をするために工夫する時期にすぎないのが思春期だから。

『人生の意味の心理学　下』

063

思春期は「行きすぎる」傾向がある

思春期というものは、どの子どもも「試練にぶつかっている」と思うものだ。「もはや自分は子どもではない」と証明しなければならないために、あせっているのだ。

これは、気をつけなければいけない感情だ。

なぜなら「何かを証明しなければいけない」と感じるときは、いつでも「行きすぎる」傾向があるからだ。もちろん思春期の子どもたちも、往々にして行きすぎるものだ。

『子どもの教育』

064

お互いを理解することが基本条件

「子どもを理解できない」と悩む親、「親に理解してもらえることはない」と嘆く子どもの話を聞くことは多い。

しかしながら、人がお互いに協力し合いながら生きるためには、お互いを理解することは、基本条件となる。人をちゃんとしっかり理解することができれば、人はもっとよりよく快適に共生することができる。

私たちは、お互いのことをよく理解せず、上辺だけのことに惑わされ、他人の外見にだまされるような危険性があるがために、共生がうまくいかなくなるのだ。

『人間知の心理学』

065

教育に携わる人が注意すべきこと

最終的に、「目標をもつ」とは、「神になりたい」と思うのと同じようなものだ。けれども、「神になりたい」は、究極の目標だ。目標の中の目標といっていい。教育に携わる人たちは、神のような存在を目指すときも、子どもに「神のようであれ」と指導するときも、注意しなければいけないことがある。それは、子どもというのは、現実的な話、神よりもずっと具体的で身近な人を目標にするということだ。身近で一番強い人を見つけ、その人のようになろうとする。

『生きるために大切なこと』

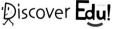

066

社会に貢献する形で解決する能力

重要な問いかけが二つある。

一つ目は、「いつから問題行動があるのか」ということ。

二つ目は、「子どもが人目を引こうとするときはどんな状況か」ということだ。

私たちは、他者と協力し合って、人生の課題や困難に立ち向かわなければならないし、
これを建設的で、社会（共同体）に貢献する形で解決するための思考や能力を必要とする。


『教育困難な子どもたち』

067

自分に対する適切な信頼をもつ

ためらい、足を止め、自信なさげに周囲をうかがい、疑い、息づまってしまったり、途方に暮れてしまっている子どもがいる。そのような子どもたちは、自分に対する適切な信頼をもっていないのだ。

これは、さまざまな観点から子どもを見ていくとより理解できる。まず、自分に対する評価が他の場面ではどのように表れ、働くのかを見てみたい。

子どもがどのような場面で自信があると感じるか、自信がないと感じるのか。自分に価値があると感じているのか、劣等感をもっているのか。現時点での状況はもちろん、その子どもの過去の状態と比較する必要がある。

このようにして、子どものライフスタイルがどのように発達したかという線を見ていくことが大切だ。

『教育困難な子どもたち』

068

他者の幸せに関心をもつ

「どうすれば、自分は社会にとって有意義で建設的な存在となりえるのか」の問いに対する答えはシンプルだ。

他者を思いやること。他者に関心をもつことである。

友情、人間への関心、宗教や政治、結婚、愛……これらはすべて対人関係の課題である。これらの分野で、他者の幸せに関心がもてるかどうかが大切だ。

私たちが教育困難だと感じる子どもたちは、他者の幸せに関心がもてない。こうした子どもたちは、共同体感覚、楽観主義、勇気を欠いている。

『教育困難な子どもたち』

069

もって生まれたものをどう生かすか

アドラー心理学の観点からすると、「もって生まれたもの」に、そんなに大きな意味はない。むしろ重要なのは、子ども時代にもって生まれたものを「どのように生かすか」ということのほうだ。

『生きるために大切なこと』

V 勇気をもつ

070

困難は「壁」ではなく「征服できる」もの

アドラー心理学は、勇気と自信をもたせようとする。人生における困難は克服できない壁などではなく、立ち向かい征服できるものだと教える。

そうして、そのために精神力を高める努力をするよう教え諭すのだ。

『子どもの教育』

071

失敗とは「新しい課題」だ

勇気や自信をもち、忍耐強く、「失敗とは、勇気を失わせるものではなく、新しい課題である」と考えるよう教育することが重要だ。

『子どもの教育』

072

自信を育むたった一つの方法

私たち心理学者の仕事は、おどおどした態度を捨てて自信をもつことができるように人をトレーニングすることだ。

トレーニングに最適な手法は「勇気づけ」だ。けっして勇気をくじくようなことをしてはいけない。自分は、困難な状況にも対処できる、人生の課題をクリアできるという自信をもたせることが大切だ。

これが自信を育むたった一つの方法である。

そして、劣等感を克服する唯一の方法でもある。

『生きるために大切なこと』

073

いつも勇気づけよ

子どもに対して、軽くぞんざいに接してはいけない。

いつも勇気づけなければいけない。

子どもたちに、空想と現実との間に溝ができてしまうことがないよう、現実の人生の重要性を説いてあげることも大切だ。


『子どもの教育』

074

安易な道を歩もうとしてはいけない

教育困難な子どもというのは、問題に立ち向かう勇気をもつことができないのだ。教育困難な子どもは、建設的な努力をすることで自分の居場所を確保する勇気をもっていないということもできる。

子どもというのは、安易な道を歩もうとするものだ。その道の上では勇気をもたずとも「自分には力がある」と思うことができるからだ。

『教育困難な子どもたち』

075

勇敢な犯罪者などいない

犯罪者は、時に自分を「勇敢」だと主張することがある。けれども、そんな犯罪者の言うことにだまされて同意してはいけない。

犯罪とは、臆病な人間が「英雄主義」をかたることだ。

犯罪者たちは、虚構の世界で自分の優越性を誇示しようとし、自分が英雄的存在だと信じ込みがちだ。

だが、これも誤った考え方であり、社会一般におけるコモンセンス（共通認識・集合知・良識）の認識不足といえる。

『人生の意味の心理学　下』

076

叱る親は子どもの勇気をくじく

アドラー心理学を学ぶ人ならば、子どもを育てる際には、厳しく育てても、甘やかして育ててもいけない。

親として必要なのは、子どもを理解しようとすること、間違った道にそれないように見ていること、子どもが問題にぶつかったときは、それが解けるようにサポートし、共同体感覚をもつ（社会のために尽くせる人間である）ように勇気づけること、だ。

『子どもの教育』

077

勇気と自信をもたせるのは聖なる義務

「聖なる義務」と言っていいくらいの教師の一番の仕事がある。

それは、どの子であっても、学校で勇気がくじかれることがないようにすることだ。すでに勇気を失って学校に入ってきた子どもに対しては、学校という場や教師との交流を通じて再び自信を取り戻すことができるようにすることだ。

それこそが教師の仕事の価値といっていい。

未来に向けて希望をもち、期待している子どもたちと共にあることで初めて教育といえるからだ。

『子どもの教育』

078

まず信頼されよ。そののち勇気づけよ

教師の一番初めの仕事は、子どもから信頼されることだ。
そして、そのあとで勇気づけることができればよい。

『子どもの教育』

079

自分を信じて楽観的に進め

「自分の課題は解決できる」と確信をもって取り組めば、楽観的な傾向が表れる。しかもこの傾向は、人生のあらゆる場面において、何度も繰り返し訪れるだろう。

ここから見てとれるのは、行動力、想像力、他者を信じる力、自分を信じる力だ。

『教育困難な子どもたち』

080

勇気は本来、自分の中にある

私たちが「共同体感覚」と呼んでいるものは、「他者としっかり結びついている」ということの一面にすぎず、私たちが「勇気」と呼んでいるものは、本来、自分の中にもっており、自分は社会の一員だと感じることのできるリズムである。

『個人心理学の技術Ⅱ』

081

共同体感覚と勇気が大事

アドラー心理学は、何度も繰り返し繰り返し、「共同体感覚」「勇気」というモットーを示していかなければいけない。

『子どもの教育』

Ⅵ ライフスタイル（性格）

082

ライフスタイルは、環境に適応するために作られたもの

「ライフスタイル（性格）」とは、その人のもって生まれたもの（体質や遺伝など）や環境に適応するために、作り上げられてきたものだと理解している。

だから、「ライフスタイル」とは、目の前の人に合わせて、対人関係に合わせて変わりえるものだ。したがってその人を取り囲む環境や状況などもすべて含めて、その人のことを見たときに初めて、ライフスタイルや特性といったものを語ることができる。

『人間知の心理学』

083

人間の特性を理解するには

人間の特性を理解することは可能だ。そのためには、子ども時代に作り上げたライフスタイルを理解し、それが作られるにあたって何が影響を与えたのかを見極めること。そして、そのライフスタイルが、社会に出て仕事や家庭生活などで問題が起きたときに、どのように発揮されるのかを見る必要がある。

『生きる意味を求めて』

084

トラブルのときにライフスタイルが出る

「え、この人、こんな人なの！」という場面に出くわしたことがないだろうか？

その人のライフスタイルが露わになるのは、パニックに陥ったり、トラブルに出くわしたりしたときだ。そんな場面こそ、その人を理解できる最大のチャンスといえる。

『生きるために大切なこと』

085

人は記憶を作り出す

私たちは、いろんなことを経験したとしても、ある特定の偏った考え方をもちがちだ。自分独自の考え方・ものの見方を通して、その経験をとらえるからだろう。

そして、その考え方・ものの見方というのは、自分のライフスタイルに沿ったものになっている。もっといえばそのライフスタイルを強化する方向に活用することもあるくらいだ。

人は記憶を作り出す。現象をライフスタイルに合わせて解釈する。合わないものは記憶から排除することもある。合ったものを受け取る。受け取れたものだけを記憶する。

写真のように記憶するわけではなく、なかったものをあった、あったものをなかったと言い出したりする。


『人間知の心理学』

086

ライフスタイルの原型を変えるのは難しい

人生の最初に学んだライフスタイルの原型から離れることは難しい。その原型を変えることができた人はほとんどいない。

大人になってから変わったように思えても、それは、異なる状況の中で違った形で表れるだけだ。するとライフスタイルが変わったように思える。しかしながらこれはライフスタイルが変わったわけではない。変わったように見えて、同じ原型からきている。

人間は、子どもの頃であっても、大人になってからであっても、いずれでも同じような目標に向かって同じような言動をするものだ。

『生きる意味を求めて』

*「はじめに」にも書きましたが、アドラーは、晩年、親しみやすく穏やかな印象でした。ところが、「フロイトさんのお弟子さんですか」と言われたときに烈火のごとく怒ったそうです。これがまさしく、幼い頃に身につけたライフスタイルが出た瞬間でしょう。日本語で、「地が出る」と表現されるに近いものです。

087

他者との関係からその人がわかる

他者とどのように結びついているか、どのように他者とお互いに協力し合っているか、その結果、どのような実りがあるのかを知れば、自ずとその人がわかる。

そして、共同体感覚にとってそぐわない力とは、過度に力と優越を求める努力である。共同体感覚の大きさと、力と優越を求める努力の強さの二つの要素が人間同士の違いを生じさせ、それが表に出たかたちが「ライフスタイル」と呼ばれるものだ。

『性格の心理学』

088

発言や振る舞いの全体像を把握する

発言や振る舞いの一端をもとにライフスタイルの全体像を判断してはいけない。その一端はライフスタイルの全体像のうちの一部でしかないからだ。

ライフスタイルを把握するには、人間の「目標に向かって努力する動き」「自分の生き方の方程式ともいえる考え方」を手がかりにするのが望ましい。

子どもの頃の言動の背後に見える隠された目標を知っていると、その子が大人になってからの言動の根底にある目標がわかり、その発言や振る舞いを全体的に理解できるようになるのだ。

『人間知の心理学』

089

ライフスタイルが変わるときは

基本的に、ライフスタイルは人生の最初の数年の間に発達して変えることはできない［*］。だが、変えることができるとすれば、人間が成長する中で自分の誤りを理解し、人類全体の幸福に寄与することを目的として、他者と交友するようになったときだ。

『生きる意味を求めて』

*アドラーは4～5歳くらいと規定していたが、現在のアドラー心理学では10歳くらいと考えている。

090

人は絵であり、画家である

人はみな、パーソナリティに統一性がある。けれどもその表現は、自分なりのそれぞれの独自性がある。

このように、人は絵であるとともに、その絵を独自の画風で描くアーティスト（画家）でもある。だが、アーティストとしては完全で優秀な活動をしていたとしても、人間としては絶対に正しいとは言いきれない。

人はむしろ、弱く、過ちを犯しやすく、不完全なものだ。

『子どもの教育』

091

同じ両親のもとで育っても、きょうだいは違って育つ

同じ両親のもとに生まれた子どもたちは、同じ環境の中で育つと考えられがちだが、それはよくある間違いだ。もちろん同じ両親のもとで育つのだから、共通する事柄はある。しかしながら、きょうだいそれぞれによって状況は異なる。他の子どもたちとは異なる体験をし、異なる認識をもちながら育つ。きょうだい順位（長子・中間子・末子・単独子）による違いがあるからだ。

『人はなぜ神経症になるのか』

092

タイプ別に分けるのは、お手軽な手段

人間をタイプ別に分けるのは、単なるお手軽な手段であり、理解しやすいように、似たような人間をある程度ひとまとめにしているだけだ。

『生きるために大切なこと』

093

楽観的であれ

楽観主義の人というのは、性格が大筋でまっすぐの方向をとる人のことだ。

彼・彼女たちは、どんな困難にあったとしても勇敢に立ち向かい、不必要に不安に感じたり、嘆きすぎることはない。自信をもち、人生に対する建設的な態度をとる。周囲に対しても、過度に要求することもない。

自分の力を信じており、自分がとるに足りない存在だとは思っていないから、彼・彼女たちは、困難な出来事にあったとしても、自分を弱く不完全であると考えるきっかけを見つけるような人たちより、耐えることができる。また、「間違えても、また挑戦すればいい」と確信して、冷静でいられるのだ。


『性格の心理学』

094

悲観主義は生きづらい

悲観主義の人というのは、教育困難な問題を引き起こすといっていい。

このタイプの人は、幼少期の体験と、そこから受ける自分の認知によって劣等感をもち、その印象があまりに強すぎたから「生きるのはつらい」「人生は苦しい」と思うようになってしまっている。

健全ではない形で育てられたり、つらい経験をしたりしたことで大きくなってしまった「悲観的なものの見方」により、彼・彼女たちは、いつだって人生のマイナス・影の面ばかりに目を向けてしまう。世の中にはどちらもあるというのに。

その結果、さらに生きづらさや人生の苦しさを意識してしまい、たやすく勇気を失ってしまうのだ。

『性格の心理学』

095

妬む人は責任転嫁をする

妬む人は、常に他者から奪い、他者を軽視し、他者の邪魔をしようとする。そして、自分が成し得なかったことに対しては言い訳をし、時には他者に責任転嫁すらする傾向がある。

『性格の心理学』

096

貪欲とは献身を惜しむことだ

「貪欲」という言葉は、「財産を増やすのに積極的」という意味だけではない。他人に献身することができない態度をも意味する。

だから、貪欲な人は社会や他者のために献身することを惜しむ。

そしてわずかな財産を守るために、周囲との間に高く高く壁をつくってしまうものだ。

『性格の心理学』

097

他人の不安に屈するな

彼・彼女が不安を訴えている場合、たいていはその彼・彼女に対して、つきっきりで誰かがそばにいなければならなくなる。

その不安に応じて誰かがその場から離れられないとき、その人は彼・彼女の不安に屈しているといえる。

『性格の心理学』

098

不安に思う人は少しの変化も不安だ

不安を抱く人は、自分のことばかりを心配して他の人のことはほとんど考えられないような人だ。人生で困難なことが起きた場合に、そこから逃げることを学んだとしたら、不安が付け加えられることによってさらに強化され、確固たるものになる。

何かを始めようというとき、最初に抱く感情が、いつだって「不安」という人がいる。そういう人は、いつもの状況から少しでも変化があれば、恐れを抱くものだ。

『性格の心理学』

099

強い感情にも意味がある

「情動」とは、行動や感情が過剰に発達したものだ。それは精神という器官に強い圧力が加わったときに突然の爆発のように表れる。

だから、行動や感情のように「目的」や「進む方向」がある。情動とは、謎めいて理解できないような現象ではないのだ。

情動は、いつだって「意味」をもつ。その人のライフスタイルや、ガイドラインに沿った形で出現する。

周囲の状況や人間関係を、「自分にとって都合のいいものにする」という変化を起こす「目的」をもつものだ。

『性格の心理学』

100

悲しみにも目的がある

「悲しみ」という情動は、何かを奪われたり、失われたりしたとき、それらが簡単には癒されるものではないときに感じる大きな感情の爆発だ。

その悲しみにも目的がある。よりよい状況を作り出すために、不快感や無力感を取り除きたいという欲求がその内側にあるものだ。

『性格の心理学』

IOI

涙は人を引きつけることもあれば、引き離すこともある

人間が生きるにあたって、「不安」は重要な意味をもつ。不安は、「悲しみ」と同じく、人と人を引き離すきっかけになることもあれば、結びつけることもあるのだ。

悲しみには二つの作用があって、「同情」のように人を引きつけることもあれば、涙を使ってのアピールを「めんどうだ」と思われてしまうと、人を引き離すこともある。

だからこそ複雑といえる。


『性格の心理学』

102

怒るのは「他人を支配したい」から

人間の力を追求するがゆえの支配欲を象徴する情動は、「怒り」だ。怒っている人は、いま抱えている問題を「いち早く、力ずくで、打ち負かす」という目的をはっきり示している。

こうした知識をもっていれば、「怒っている人」というのは、「力をふりしぼってひたすらに優位性を示したい人」だということがわかる。認められようとする努力は、しばしば権力を得ようとする陶酔感に変わる。

この種の人は、自分の権力（自分には力があるという感覚）が少しでも脅かされると、怒りを爆発させる。

彼・彼女らは、これまでの経験から、怒りを示すことで、最もたやすく他人を支配することができ、自分の意志を押し通すことができると感じている。

『性格の心理学』

103 細かいことにこだわる人

原理主義者は、すべてにおいて未熟なわけではない。しかしながら、未熟なタイプの原理主義者はいる。

そういう人は、すべての出来事を、ある一つのなんらかの原理でとらえようとし、どんな状況であっても、その一つの原理に従って行動する。その原理をいつでも正しいものだと考え、そこから外れることもない。

そして、日常のすべてがいつもの慣れ親しんだ正しい道を行くのでなければ不快に思う。そういう態度をとる彼・彼女らは、たいていはつまらないこと・細かいことにこだわる人である。

『性格の心理学』

104

不機嫌とは母親への反抗

カウンセリングで、「この子は、『私は不機嫌でいるのが好きなの』とはっきり言ったのです」と報告してきたカウンセラーがいた。

これは、この子が社会的なつながりをもてないこと、その結果不機嫌であることが、彼女に許された唯一の手段だということを示している。

不機嫌であることは、彼女が、彼女の母親を拒むための最良の手段であり、だから不機嫌でいることが好きなのだ。

『アドラーのケース・セミナー』

VII
人間とは何か

105

人間とは「集団」をつくる生き物だ

人間は常に「集団」をつくって生きてきた。この事実は、「人間は、個体としては自分を守ることができない。個体として弱い生き物は、自衛のために、群れ、集団をつくる」と考えれば、何も驚くことはない。このことは人間を歴史的に考えればわかる。

人間は、動物の種として見ると、あまりに弱く危うい存在だ。人間よりももっと大きく、もっと強く、身体的に優れた武器をもつ動物は少なくない。これは、人間とライオンを比べたら、すぐにわかるだろう。

ダーウィン〔*〕は、身を守る強さをもたない動物は、群れをなして生きることを観察により発見した。オランウータンは、強い力があるので、伴侶とのみ行動する。一方、オランウータンより小さくて弱い猿は、群れをなす。「集団をつくる」のは、「爪」や「牙」、「翼」といったものの代わりなのだ。

『子どもの教育』

＊ダーウィン：チャールズ・ダーウィン（１８０９－１８８２）。イギリスの自然科学者で進化論を提唱した。

106

人間はとりわけ弱い動物の一つ

ダーウィンによると「弱い動物は単独では生きることができない」という。人間もまた、とりわけ弱い動物の一つだ。単独で生きることができるほど強くないからだ。人間は、自然界ではあまりに無力だ。生命を維持するためには、多くの助けとなる文明手段や道具が必要だ。

この事実は、たった一人で、助けとなる文明手段や道具のない状態で、山奥で生活することを想像してみればわかりやすい。人間は、他の動物に比べて、あまりに危険な状態にいるといえる。他の動物と戦って生き抜くために必要な速い足をもっていなければ、強い筋力もない。猛獣のような牙、鋭い聴覚、遠くまで見る視力ももっていない。人間が生き残り、滅亡を防ぐためにはとてつもない努力が必要となる。

『人間知の心理学』

107

共生と分業は人間に必要不可欠

現代の人間は、きちんと整備された環境にいるときだけ生存できるといえる。この「整備された環境」を作り出したのは、「共生」を可能にする「分業」だ。したがってこの二つは人間にとって必要不可欠なものだ。

「共生」「分業」こそが、自然界の他の生物にとっての攻撃や防御のための武器であり、人間を生かすものといえる。そして、今日の私たちが「文化」と呼ぶすべてのものを作り出すことを可能にした。

『人間知の心理学』

108

弱いものは結びつく

動物でも、不利な状況に置かれている生き物は、結びつこうという傾向が強い。弱いものは結びつく。そして、結びつくことによって、「新しい力」が生まれる。

この「新しい力」によって、弱いものは生き延びることができるのだ。人間が、「社会」や「集団」と強固に結びついていることが、人間が「弱い」ということの本質といえる。

『教育困難な子どもたち』

109

人間の精神・思考の発達は鋭い角や牙の代わり

元々は動物と同様の環境の中にいた「人間」という種が、鋭い角や爪、牙などを進化させて、厳しい自然界を生き抜こうとしたら、生き残ることはとてつもなく困難であっただろう。けれども実際は、人間は心・精神や頭脳といったものを進化させることに成功した。これらが有機体としての人間には欠けているものを補完したのだ。

そして、「不完全である」「劣っている」という意識が常にあることにより、人間は、予見能力を発達させることができ、思考・感覚・行動するための器官として、精神を発達させることができたのだ。集団をつくり、社会を形成することにもなった。

よって、精神の能力は、社会の中でのみ発達する。人間のどんな精神も、共同体・社会に沿うものでなければならないのだ。

『人間知の心理学』

110

言葉があるから考えることができる

「言葉」は、大きく深い意味をもつ。論理的思考は、言葉があって初めて成り立つ。言葉があることによって、考え、概念を作り上げることができる。

そうすることで私たちはあらゆる事柄を区別し、自分の頭の中にあることが、自分一人のものではなく、他者と共有できるものとなるのだ。

私たちの思考も感情も、人それぞれバラバラで固有にもつものではなく、ある程度普遍的で共通したものだと認識されるときのみ、理解できるのだ。

私たちが、美しいものを見て、美しいと感動を表現するのも、善と美に対する感情や認識が、共有できるとわかっているからこそなのだ。理性や論理、倫理、美意識という概念は、人間社会で共に生きているからこそ成立する。と同時に、それらの概念は、文化を崩壊から守り、私たちを結びつける役割をもっている。

『人間知の心理学』

III

「社会への適応」の心理学

個人心理学（アドラー心理学のこと[*]）の目的は、「社会に適応する」ことだ。「個人」心理学と銘打っておきながら「社会」とは、矛盾すると思う人もいるかもしれない。しかし、矛盾ではない。実際問題、個人の心・意識・精神に注目しなければ、社会の大切さを理解できない。個人が個人となりえるのは、社会の中においてだけだ。

他の心理学の分野では、個人と社会を区別している。個人は個人、社会は社会だ。個人心理学は、個人のライフスタイル（性格）を分析しつつも、「社会への適応」という視点ももち続ける学問といえる。

『生きるために大切なこと』

*欧米では、「個人心理学」（Individual Psychology）と呼ばれていますが、日本では「個人」というと、「社会」と対比した個人のための心理学のニュアンスが強いので、「アドラー心理学」で通っています。

112

「動く」からこそ心をもつ

「心・精神」は、動くことができ、生きている有機体にだけ存在する。「心・精神」は、「自由に動くことができること」と密接に関係しているのだ。

深く根を下ろしている植物には、感情や思考は存在しえない。植物は、「動くことはできないのに苦痛が訪れることがわかる」とか、「苦しい事態を予測できるのに、その事態から身を守ることができない」とか、「理性や自由意志をもっているのに、この理性や意志を使ってはいけない」などといったことはない。

「心・精神」と「自由に動くことができること」には関連があるので、心・精神が「ない」植物と「ある」動物とをはっきりと区別することができる。

『人間知の心理学』

113

人間は「完成・完全」を目指して努力する

アドラー心理学は、「人間の進化」を抜きには考えられない。人間は他の動物と比べて進化という点では著しいものがある。それを支えたのは、不完全で弱いからこそ「完成・完全を目指して努力する」という人間の行動だ。

「生き延びよう」と渇望する人間の欲求と、「完成・完全を目指して努力する」ことはしっかりと結びついている。だから私たち人間の言動は、いつもマイナスの状況からプラスの状況になることを目指すようにできている。

『生きる意味を求めて』

114

人間は赤ちゃんの頃から絶えず成長しようと努力する

精神は、「動く」からこそ存在し、「目的」を目指して努力するようにできている。人間というものは、本当に小さい赤ちゃんの頃から、絶えず成長しようと努力するものだ。「目的」とは、「完全であろうとすること」「優れていようとすること」「理想に近づこうとすること」といっていい。

この目的や努力は、人間独自の能力である「思考」と「想像力」を駆使して、一生ずっと私たちの行動すべてに関わり続ける。

『子どもの教育』

115

感情には「目的」がある

人間は、「目的」を設定して初めて感情が生まれる。私たちはそのことをきちんと認識しないといけない。

『人間知の心理学』

116

心は「原因」と「結果」が一致しない

人間は、出来事や体験を自分の特性に合わせて作り変えて受け取るものだ。だから、人間が「何を感じ取るか」「どのように感じ取るか」には、その人独自の特性が表れる。

人間の認知・理解は、単なる物理的な反応ではないのだ。

物理のように「火で熱する→沸騰する」といったように、「原因」と「結果」が一致するわけではない。同じ刺激を与えたとしても、違った反応になるものだ。それが精神的なしくみである。

だからその人が、「何を」「どのように」感じ取るかという方法・種類・状態は、その人の内面を深く知る手がかりにもなりえるのだ。

『人間知の心理学』

117

その人を突き動かす「目的」を理解する

行動主義者[*]が提唱する「本能的な条件反射」や「衝動的に反応してしまう」という考えには同意しない。

同じ刺激があったとしても、同じ反応をするわけではない。それが物理反応と人間の反応とで異なることだ。並んでいる列に割り込まれたとき、女性なら怒り、怖そうな人なら黙っていることがある。人間にはそういうことが起こりえる。

その人の運命やライフスタイルを「反射」や「衝動」で決めるのは無意味だ。その人を突き動かしている「目的」はなんなのか。それを理解しなければいけない。

『生きるために大切なこと』

＊行動主義：「行動主義」とは心理学の流派の一つで、感情や意欲といった内的なものではなく、目に見え、観察できる「行動」を研究対象とする。

118

不幸は自分が選びとっている

あたかも、自分だけに不幸の神様がとり憑いているかのように行動する人（例えば、嵐の日に、自分だけに雷が落ちてくるかのように感じたり、泥棒は必ず自分の家を狙って押し入ってくると恐れて悩んだりする人）がいる。

そういう人は、人生でひどいめに遭うと、いつも不幸が自分を選びとっているかのように思うものである。そうではない。自分のほうが不幸を選びとっているのだ。

『性格の心理学』

119

「体験」をどうとらえるかは子どもによって異なる

子どもは、自分独自の、きわめて個人的な解釈（ものの見方）をしながら成長していく。新しい困難な問題にぶつかったときも、子どもは自分なりの解釈をして行動することを心にとどめておくことが大切だ。

ある体験（例えば、下に妹や弟が誕生したときなど）が子どもに与える影響の深さや種類は、客観的な事実や状況によって変わるわけではない。この子が、この「体験」をどのようにとらえているのか、ということで変わる。

第二子が生まれたときに、「第二子の世話をしたがる」のか「親に甘えたがる」のか、あるいは「自立しようとする」のか、その子によって異なるものだ。

それゆえに「因果論」、「結果Aには、決まった原因Bがある」のような考え方を論破するには十分な根拠といえる。

『子どもの教育』

120

人間のものの見方は十人十色

人間のものの見方・とらえ方は十人十色だといえる。人はそれぞれ、出来事・経験をその人なりの受け止め方でとらえる。

だから大切なのは、その人が「どのような経験をしたか」ではなく、「その経験をどう受け止めたか」である。

『生きる意味を求めて』

121

与えられたものをどう生かすか

人間は、「何を与えられて生まれてきたか」が重要なのではなく、「与えられたものをどう生かすか」が重要なのだ。

『人はなぜ神経症になるのか』

122

「経験の意味」は自分で決めている

どんなことを経験したとしても、その経験自体は、成功の原因にも失敗の原因にもならない。私たちは、自分が受けたショックな経験によるトラウマに苦しんでいるのではなく、その経験から自分の目的にあったものを見つけ出しているといえる。

つまり、「その経験があったから、この現実がある」のではなく、「この現実に合うように、その経験を自分なりにとらえ、意味づける」のである。

同じ経験をしたとしても、すべての人が同じような大きさのトラウマをもつわけではない。また、「こんな目にあったからこそ、社会のためにできることがある」ととらえるか、「こんな目にあったから、もう立ち上がれない」ととらえるか、それは自分で選ぶことができる。

「この経験にどんな意味があるのか」は、自分で決めているのだ。

『人生の意味の心理学　上』

123

心も体もお互いに影響し合う

アドラー心理学は、一人の人間の人生を全体的にとらえようとする学問である。「理性」と「感情」、「心」と「体」を、それぞれ別個に分けて考えない。身体に怪我をすれば、精神にも影響は出るし、精神的に厳しいことがあれば、胃痛や腹痛などの身体に影響が出ることもある。

だから、アドラー心理学は、人間を全体から見る学問なのだ。その人のあらゆる反応、行動、感情の中に、人生への向き合い方が表現されていると考える。

『生きるために大切なこと』

心も体も「生命」という全体の一部

私たちアドラー心理学者は、心や体を、人間の生命の表現として見ている。心も体も「生命」という全体の一部分なのだ。そしてアドラー心理学は、心や体がお互いに影響し合う相互関係を、人間全体、生命全体から見て理解しようとするのだ。

『人生の意味の心理学　上』

125

意識と無意識は対立しない

「意識」と「無意識」は対立する存在ではない。意識と無意識は、一人の人間の中に正反対のものとして存在するとは、とらえていない。

意識的な生活は、ともすればいつの間にか無意識なものになることもある。一方で、無意識の行動であってもその傾向を理解すれば、それはすでに意識的なものになりえる。

『人はなぜ神経症になるのか』

Ⅷ

劣等感・劣等コンプレックス

126

人間は劣等だからこそ発達した

自然界にあまたいる生物のなかで、人間は「劣等」な生き物だ。体も大きくなければ、強い角も牙もない。圧倒的に速く走れるわけでもない。そして「劣等」であるがゆえに、「不足している」「安全ではない」という意識を人間は常にもっている。

その意識が常にあるからこそ、環境に適応し、安全に生きる状況を作り出すために、外敵に備えておくことや対策をしておく方法などを考えだしたのだ。

この人間を環境に適応させ、安全な場所をつくる能力をもちえたのは、人間の「精神」という器官が発達したからである。

『人間知の心理学』

127

「生命」は補いながら継続を目指す

医療の分野では、器官はある特定の目的に向かって発達すると考えられている。そして完成形になった器官は、それぞれ独自の形態をとる。

そのうえ器官になんらかの欠陥があった場合、その欠陥を補うような働きが備わったり、あるいは他の器官が欠陥のある器官の代わりになったりしようとする。例えば、目が悪い人は嗅覚や聴覚が発達したりするものだ。

「生命」は、いつどんなときも、不足している何かを補いながら「継続」を目指す。

そして「生命」の力は、外圧に対し、何の抵抗もせずに屈することは絶対にない。

精神もこの器官と同様な働きをもつ。精神にも「目標」や「理想とする状態」があり、そこに向かおうとする。目標に向かって欠陥や問題を乗り越えようとするのだ。

だから人間の行動や感情にも必ず目標や目指すものがある。

『生きるために大切なこと』

128

人間の社会文化のすべては劣等感から生まれた

「劣等感」は、異常ではない。むしろ、人間が進化していくにあたって、重要な要素だ。例えば、科学の進歩は人間が「未知のことを知りたい」「将来が不安だから備えておきたい」という願望があるからこそ成り立つ。

この欲望があり、科学の進歩があるからこそ、種としての人間の運命を改善してきているのだ。だから、人間の社会、文化のすべては、劣等感から生まれるともいえる。

『人生の意味の心理学　上』

129

劣等感があるから向上心をもつ

劣等感を抱き、「不完全である」「弱い」「安全ではない」からこそ、人は目標を設定するものだ。

生まれてすぐの頃であっても、主張し、親の注目を自分に向けようとし、親からのケアを強いる傾向がある。赤ん坊のこの行為は、人の「認められようと努力する」という行為の最初の兆候ともいえる。

人は、劣等感に刺激されて向上心をもつ。成長したいと願い、そしてそのために努力しようとする。

『人間知の心理学』

130

劣等感は健康の証

劣等感があることは、病気ではない。あなたが今日あるのは、劣等感のおかげだといってもいい。

むしろ劣等感をもつのは健康で健全であることの証でもある。あなたが努力を重ねて今日まで成長できた刺激になっていたことに気づいてほしい。

『生きるために大切なこと』

131

劣等感が問題になるとき

誰もが劣等感をもっている。だから劣等感自体には問題はない。むしろ健全で建設的な向上心につながるきっかけになるものだ。

劣等感が問題とされるのは、劣等感から生まれた無力感があまりに大きすぎる場合だ。大きすぎて向上心まで殺してしまうと病的なものになる。

『生きるために大切なこと』

132

理想に向かって向上する

「理想の状態になりたい」「向上したい」と願うこと。これこそが、人間の行動のすべての動機づけの源になっている。

この願いが、人間が生きるうえでの一本の太い線になっていて、下から上へ、マイナスからプラスへ、敗北から勝利へと導かれるように行動することになる。

そして、「理想の状態になりたい」「向上したい」という願いを、「他の人も幸せにする」「他の人も豊かにする」という方法で行動する人こそが、最も人生の課題を真の意味で克服できるといえる。

『人生の意味の心理学　上』

133

劣等感が強すぎると劣等コンプレックスになる

劣等コンプレックスや優越コンプレックスについている「コンプレックス」という言葉は、「極端に強い」という意味にすぎない。

劣等感が強すぎるときに「劣等コンプレックス」になり、「もっと向上したい」「人より優れた状態にいたい」という気持ちがあまりに強いときに「優越コンプレックス」になる。

そうとらえると、「劣等コンプレックス」と「優越コンプレックス」という相反するかのような二つの感覚が、一人の人間の中に存在するのも理解できるだろう。

『生きるために大切なこと』

134

「優れていたい」が強すぎると病的になる

劣等感があまりに強いと、不安が過剰に大きくなり、劣った部分をただ補おうとするだけでなく、行きすぎることがある。結果、力や「優れていたい」という欲求は極端なものになり、病的なものになってしまう。

『人間知の心理学』

135

劣等コンプレックスの定義とは

劣等コンプレックスには、はっきりとした定義がある。

劣等コンプレックスとは、その人がいまいる環境にうまく適応できていないとき、あるいは、解決する準備のできていない問題がふりかかってきたときに表れるものだ。

そして、「私には解決できない」という確信を強調するものだ。


『人生の意味の心理学　上』

136

人生における非建設的な感情

劣等コンプレックスと優越コンプレックスには、共通点がある。
どちらも、人生において非建設的な感情なのだ。

『生きるために大切なこと』

137

見栄や自惚れの正体

優越コンプレックスとは、ただの見栄や自惚れ、思い上がりだ。人生において非建設的な方向に向かわせる原因となる。
優越コンプレックスで得られるのは、偽物の満足感であり、偽物の成功だ。

『生きるために大切なこと』

138

目が悪くても画家になれる

身体的に弱いところは、精神にも大きな影響を与える。

例えば、目が悪い子どもたちは、見えるものに対する関心が普通の人よりもずっと強い。はるかに注意深く色や影、風合いや遠近法を気にして見る。こうした子どもが画家になったりする。むしろ画家は視力が十分ではないことも多い。遠視であったり、色覚異常の傾向があったりする。

これは、障害があることで、想像力が子どもに困難を超えていくように強いるからだと理解できる。

『教育困難な子どもたち』

理解不足のまわりの大人に問題がある

「世界はつらく、苦しい」という印象は、子どもが大きな困難にぶつかったときに、さらに強化される。これは、とくに劣等器官（耳が聞こえない、弱視、アトピー性皮膚炎、喘息など、身体的に不便や困難を感じる身体的な特性・特徴）をもった子どもに起こりがちだ。

こうした子どもたちは、劣等器官の影響でさまざまな病気にかかりやすい。けれども困難の原因は、子どもの「器官が弱いこと」とは限らない。理解不足のまわりの人たちが、子どもに無理なことをさせようとすることにあったりする。あるいは、超えづらい課題を軽はずみに与えることだったりする。

つまり、子どもを取り囲む環境の欠陥といえる。環境に適応しようとする子どもは、この適応を困難にする障害を見つけ出すからだ。例えば、すでに勇気を失った子どもたちが悲観主義でいっぱいの環境で育つような場合である。

『人間知の心理学』

140

劣等感を克服するには

劣等感は、社会で生きるための教育やトレーニングを受けてこなかったことと強い関連がある。社会に適応できないことから劣等感は生まれる。だから劣等感を克服するには、社会で生きる教育やトレーニングを受ける必要があるのだ。

『生きるために大切なこと』

IX 共同体感覚について

141

まず共同体感覚を理解する

アドラー心理学を学ぶ際には、まず「共同体感覚」という概念を理解する必要がある。最も重要なものだからだ。

勇気があり、自信があり、世界の中に「自分の居場所がある」と思える人だけが、人生における良い面も悪い面も両方生かすことができる。

そういう人たちは、けっして恐れない。人生には必ず困難な出来事が起こりえることを知っており、さらには自分にはそれを乗り越えるだけの力があることも知っている。

人生のあらゆる課題に対して、覚悟ができているのだ。

『生きるために大切なこと』

142

協力は人間を救う役割をもつ

社会生活に適応するということは、「劣等性と劣等感」の問題と光と影のような関係だ。生物としての人間は、弱く、劣っているがゆえに、人間は「社会」を作り上げた。その結果、その他の生物より強い存在になりえた。

そう考えると、「共同体感覚」や「社会的な協力」は、個体としての人間を救う役割を果たしているといえる。

『生きるために大切なこと』

143

共同体感覚は少しずつ育つ

共同体感覚は、少しずつ育つものだ。生まれてすぐの時代から、共同体感覚を育む方向にトレーニングを受け、人生を建設的に動かす方向で努力するよう教えられた人だけが、実際に共同体感覚をもつことができる。

『生きるために大切なこと』

144
共同体感覚を育てることの価値

共同体感覚を育てていくことの価値は、いくら強調したとしても、強調しすぎることはない。

「知性」が共同体と関連した機能だからだ。

共同体感覚が育つことで「自分には価値がある」という感覚をもつことができれば、勇気をもって楽観的なものの見方ができるようにもなる。人間がもつ「良い点」と「悪い点」を受け入れることができるような感覚でもある。

人間が自分の人生をよいものに感じ、自分の存在を「価値がある」と思えるのは、その人が社会に貢献し、自分一人ではなく、社会や人類にとっての劣等感を克服するかぎりにおいてだ。


『人はなぜ神経症になるのか』

145

成長に共同体感覚は不可欠だ

人を見るときは、「共同体にとっての理想の人間かどうか」の観点から見る。

つまり、自分にふりかかってくる課題を、それにふさわしいやり方で乗り越えられる人、共同体感覚を高度なレベルにまで発達させた人のことである。

どんな人であれ、共同体感覚を養い、育て、それを十分に活用することなしには成長することはできない。

『人間知の心理学』

146

宗教の貢献

人類は、共同体感覚を増やす努力をしてきたが、宗教はこのことに大きな貢献をしてきたといえる。

アドラー心理学も同じ結論に達しているが、共同体感覚を増やすのにあたって、科学的な方法を提案している。

『人生の意味の心理学　上』

147

不安なしに人生を送るには

「不安」という感情は、個人が共同体（組織や社会）に属することによってのみ取り除くことができる。自分が組織・社会に属し、「居場所がある」と思える人だけが、不安に思うことなしに人生を送ることができる。

『性格の心理学』

148

建設的な努力をする

共同体感覚が機能している場合と、そうでない場合とを比べてみる。すると、私たちは理解できるだろう。

劣等感が大きくないかぎりは、子どもは価値ある人になろうとし、建設的な人生にしようとすることを。

このような子どもたちは、他者に関心をもつようになる。共同体感覚と社会適応があることにより、劣等感を正しく補えるのだ。

『生きるために大切なこと』

149

共同体感覚が育っていない子ども

身体に障がいをもっている子ども、無視されて育った子ども、過度に甘やかされた子どもなどに共通するもう一つの特徴は――それは、共同体感覚がわずかしか発達していないことの、最も大きな特徴なのだが――他者よりも自分自身のことを多く考えているという現象だ。

こうした人たちは、一般的に、悲観主義的な世界観をもつ傾向がある。彼・彼女らの誤ったライフスタイルを変えていかないかぎり、人生は喜ばしいものにはならないだろう。

『人間知の心理学』

150

権力や名誉を過度に求めてはいけない

その人の発言や振る舞いから、その人の共同体感覚のレベルを知ることができる。高レベルの人には、権力や名誉を求める努力がほとんど見られない。逆に、低レベルの人は、徹底的に名誉を求めるタイプで、自分自身だけでなく周囲の人にも「自分がまわりの人と比べていかに優れているか」を顕示しようとする。

『性格の心理学』

151

社会とつながる努力を

アドラー心理学で、「共同体感覚」と呼ぶものは、個体としての人間のあらゆる自然界における弱さを補うものだ。

人間は、生物的に見ても「社会」を必要とする存在だ。成熟に達するまでに他者に依存しなければいけない期間は、他の動物に比べてはるかに長い。種としての人間が生き延びるための条件である高度な協力と社会文化は、「自ら社会とつながる努力」を必要とする。

したがって、「教育」の主な目的は、その「自ら社会とつながる努力」を促すことである。

「共同体感覚」は、生まれつき充実しているものではない。先天的にあるものを意識的に発達させなければいけないものなのだ。

『人はなぜ神経症になるのか』

152

社会の一員であれ

人生の課題に取り組む人は、次のような強い確信をもたなければいけない。

「人生とは、仲間の人間に関心をもつこと、社会の一員であること、人類の利益や幸福にできるだけ貢献すること」だ。

私たちは、ここに本当の「人生の意味」をはかる共通のものさしをもつ。

あらゆる失敗者——神経症の患者、精神疾患の患者、犯罪者、アルコール依存症、問題児、自殺者など——は、「仲間」という感覚、共同体感覚が欠けているがゆえに人生で失敗しているのだ。


『人生の意味の心理学　上』

153

ほどほどの従順と適応性が重要

共同体は、「逃亡者」のための場所ではない。

共同体にとって重要なのは、ほどほどの従順と適応性であり、協力し、他者を助けることのできる能力だ。

他者より優れているという主導権を誇示することではない。


『性格の心理学』

154

快活さをふりまけ

どれほど他者を助けたり、喜ばせたりしようとするかを調べれば、簡単に「共同体感覚をもっているかどうか」がわかる。

「他者に喜びをもたらす」という能力は、大きな利益をもたらす。

そういう人々は私たちにフランクに近づき、私たちも、その人を純粋な感情レベルで、「他の人よりずっと好感がもてる」というように思う。

私たちは、そういう特徴を、直感的に、共同体感覚の証だと感じることができるのだ。

彼・彼女らは、快活な性質をもっており、いつも憂鬱そうで、心配そうな顔つきをすることもない。また、他の人を、不必要に心配したり、心配されることもない。他の人と一緒にいるときは、人生をより楽しく生きるために、快活さをふりまくような人たちだ。


『人間知の心理学』

155

共同体感覚が欠けていると人生を損なう

共同体感覚が欠けていることは、人生を非建設的な方向へと向かわせてしまう。共同体感覚が欠けている人の例として、問題行動のある子ども、犯罪者、精神疾患の患者、アルコール依存症があげられる。

このような人たちに対して私たちができることは、彼らが人生の建設的な面へと戻ることができるよう、働きかけ、他者に関心をもつように促すことだ。

『生きるために大切なこと』

156

共同体感覚の発達度を知るには

「子どもの中で共同体感覚がどの程度発達しているかどうかは、どうすればわかるのか」。この質問に対しては、こう答える。

例えば、「自分が他の子どもたちよりも優れていることを示す」ことを追求し、他の子どもたちのことを考えずに前へ、前へと無理やりに出ようとするのであれば、そのような子どもは共同体感覚をもっていないと確信できる。

『子どもの教育』

157

共同体は理想であり、「導きの星」だ

「共同体」とは到達できない理想である。それと同じく「共同体感覚」もまた理想である。たとえ多くの人から認められる立場であったとしても、人間は過ちを犯す可能性がある。しかしながらそうであっても、共同体感覚は、人間にとって「導きの星」なのだ。「理想」という星があるからこそ、人はその目標へ向かっていくことができる。

『性格の心理学』

X　学び、理解したことを実践せよ

158

実践してこそ習得できる

「人間を深く知ること」は、本や教科書から得られる知ではなく、実践してこそ習得できる知だ。

経験し、自分の実体験として身につけることで人々の喜びも不安も共有していくべきなのだ。

それは、優れた画家が人物画を描く際に、その人を写真のように写しとるのではなく、その人から感じとった印象や雰囲気を描くことができるのと同じようなものだ。

『人間知の心理学』

159
誰でも、どんなことでも、達成できる

アドラー心理学の見解は、「誰であっても、どんなことでも、達成できる」だ。

これは民主的な宣言であり、なおかつ優秀な子どもたちにとっては、肩の荷を下ろすような見解だ。

優秀な子どもたちは、いつだって大きな期待をかけられ、特別な存在であるべきだと思い込んでいる。そんな子に対して指導者が、「誰であっても、どんなことでも、達成できる」と信じ、それを示せば、優秀でありながら、謙虚な性格の子どもに育つだろう。

彼らは、自分の成果は、努力や幸運のおかげだと思うことができる。そのまま努力すれば、不可能なことはないと思える。

しかし、たとえ環境や能力が不足していたとしても、教師が正しい方向に教育すれば、成果を出すことができるのだ。


『生きるために大切なこと』

160

勇気と訓練で成長する

「遺伝」の論理は、教育や心理学の理論と実践においては、強調すべきではない。「誰だって、なんだって達成できる」と仮定すべきなのだ。もちろんこれは、人間に「遺伝的な要素」に違いがあることを否定しているわけではない。

重要なのは、「もって生まれたもの（遺伝的な要素）をどう使うのか」ということだ。だからこそ、教育が非常に重要なものになるのだ。

よい教育とは、能力があるかないかにかかわらず、人を成長させることだ。能力がない人であっても、勇気と訓練によって偉大な能力といわれるまでに成長することもできる。

適切な教育がなされていれば、「能力がない」という自覚は、大きな業績を残すほどの刺激を人に与えるものだ。

『人はなぜ神経症になるのか』

161

経験から学ぶのが最もいい

子どもを育てるには、「経験から学ばせる」のが一番いい（もちろん常識の範囲内だが）。これは、子どもたちが自らの行動を、「親や先生にダメと言われたから」というのではなく、物事の論理や現実の状況から導き出すようにするためだ。

『子どもの教育』

162

他者に何を与えられるのか

虚栄心の強い人は、常に「期待する人」「奪う人」の役割を担う。こういう人間と比べて、成熟した共同体感覚をもつ人、すなわち「私は他者に何を与えることができるのか」を自分自身に問いつつ行動できる人とでは、価値観の違いは顕著であり、その差は一目瞭然だ。

『性格の心理学』

163
人類の進歩に役立てる

アドラー心理学というのは、まだ生まれて間もないが、この先、思想や文化、人類の未来に永久的に影響を及ぼしていくことだろう。

たくさんの弟子を惹きつけるだけにとどまらず、たくさんの人々をも魅了するに違いない。理解する人もいるが、誤解する人の数も多いだろう。多くの支持を得るとしても、さらに多くの敵ができるかもしれない。とても簡単だからこそ、多くの人は簡単すぎると思うだろう。だが、アドラー心理学を真に知る人は、どんなに難しいかがわかるはずだ。

支持する人たちは、アドラー心理学によって富も地位も得られずとも、反対する人たちの失敗・誤りから学ぶことができるだろう。理想とする社会を作り上げるために、自らの知恵を使い努力する人と、そうでない人との間に大きな違いを残す。

アドラー心理学は、支持する人たちに、心を見抜く鋭い洞察力を与えるはずだ。この苦労して得られた能力は、人類の進歩のために役立つ。

『アドラー心理学の基礎』

164

謙虚であれ

アドラー心理学を軽率に扱い、誤用するようなことがあれば、自分の評判を落とすことになるだろう。それは、あたかも仲間の振る舞いやその意図、ライフスタイル的なものを自分がどれだけ理解しているかを食事の席でひけらかすようなものだ。

このアドラー心理学の根本的な見方を、すでに完成された学問として、学んでいない人に伝えることもまた危険なことだ。すでに学んだ人ですら、傷つけられたと感じる人がいても不思議ではない。

アドラー心理学は「謙虚さ」を強いる。軽率に、あるいは過剰に知識をひけらかすことは許さない。

『人間知の心理学』

165

人生が人に与えた意味

教育者、教師、医師、聖職者の果たす役割とは、人生が人に与えた意味に気づかせるために失敗の本当の原因を確信させること、人がもっている正しくない考え、誤った意味づけを見つけ出すこと、そして共同体感覚を高め、勇気づけることである。

『生きる意味を求めて』

166

運命に逃げるな。運命を切り拓け

「運命を信じる」という考え方は、一人の人生にとって大きな影響を与える。のみならず、しばしば国家や民族、文明全体にも影響を与える。

しかしながらアドラー心理学の仕事は、思考や感情、ライフスタイルに与える影響を明らかにすることだけだ。

「運命を信じる」といえば聞こえはいいかもしれないが、たいていは単なる逃避にすぎない。建設的な方向に向かって努力することから逃げているのだ。

運命は信じるものでなく切り拓くものだ。「運命を信じる」ことは、間違った心の支えといえる。

『生きるために大切なこと』

167

目標に向かって道を歩め

一本の線を引こうと思ったとき、目標となる最終ポイントを見ていないと、最後まで線を引くことはできない。

それと同じように、欲求があるだけでは、どんな線も引くことができない。

つまり、「目標」を設定しなければ、何もできないということであり、未来に目標を設定して初めて、それに向かって道を歩むことができるのだ。

『教育困難な子どもたち』

168

まず、あなたから始めよ

協力すること、他人に関心を示すことを私が提案すると、こういうふうに発言する人が少なからずいる。

「でも、他人は私に何の関心ももってくれません」

そう発言する人に対する私の答えは、いつもこうだ。

「誰かが始めなければいけない。他人が協力してくれなくても、関心をもってくれなくても、それはあなたに関係ない。私からのアドバイスはこれだ。あなたが始めるべきだ。他人が協力的かどうか、関心をもってくれるかどうかなんて考えることなく」

『人生の意味の心理学　下』

編訳者おわりに

本著の編集者からこの『超訳 アドラーの言葉』の企画をいただいたとき、私の中にためらいがありました。「アドラー」あるいは「アドラー心理学」を冠する本が数百冊も出ている中で今さら感があったからです。

しかし、編集者から「だからこそアドラー自身の言葉に戻って、平易な言葉でわかりやすく、アドラーの本質を理解していただく本」としての意図が伝えられたとき、私の心は動かされました。

私自身が「アドラー」あるいは「アドラー心理学」を冠する本の大量の執筆者でありながら、アドラーの本質を伝えきれていなかった反省もありました。

もともとが心理学の専門家でもなく、40年前からアドラーに恋をし、実践家としてアドラーと共に過ごしている私です。他者に尽くす、社会に尽くすことで自他の幸福を重んじた心理学者・アドラーから影響を受けた多くの人たちと同様、理論のための理論ではなく、「実践の学」としてアドラー心理学をとらえてきました。そして、言行一致を旗印として生きることに課題意識をもち続けてきました。

その総決算の意味でもこの仕事を引き受けようと決意しました。

アドラーは「預言者」の側面も持ち合わせた「実践学」の開祖ともいえる人です。

私は意識して「予言者」ではなく「預言者」を使いました。『広辞苑』で「預言」を引いてみると、「キリスト教や啓示宗教で、神から預けられた言葉を人々に伝えること。また、その言葉。倫理的勧告や回心の呼びかけも含む」とあります。

私はアドラーを神とみなすこともなければ、アドラー心理学を宗教と重ねるつもりもありません。

しかし、この『超訳 アドラーの言葉』で「アドラーから預けられた言葉」として読者に伝えるミッションを次のように感じています。

アドラーの言葉は、現代の私たちの生き方・考え方、対人関係の取り方、環境との関わり方などのたくさんの課題に訴えかけています。

100年前のアドラーから預けられた言葉は、その解決の糸口になるのです。アドラーの言葉を、現代の問題と重ね合わせてわかりやすく超訳し、本にすることで心ある人たちに届けられることにミッションを感じています。

まずは、誰よりもディスカヴァー・トゥエンティワンの編集者の大田原恵美さんに感謝申し上げます。この本のいきさつは冒頭に書いたとおりです。

大田原さんとは前職で『働く人のためのアドラー心理学』（朝日文庫）を出版して以来のおつき合いで、前作の『みんな違う。それでも、チームで仕事を進めるために大切なこと』でも実にスムーズな連携プレイを確認できました。

ディスカヴァークラシック文庫シリーズの一冊に加えていただくことになり、全社をあげてここまでサポートしてくださったディスカヴァー・トゥエンティワンの皆様にも感謝申し上げます。

家庭においては妻の立場でありながら、多忙な私に代わって私がアドラーの本からピックアップした本の付箋部分をパソコンに打ち込んでくれた岩井美弥子に感謝します。おかげで４００を超えるアドラーの言葉を厳選し、その中から１６８の言葉にしぼり込むことができました。妻の美弥子に感謝します。

ヒューマン・ギルドを40年近く支え続けてくれているスタッフ、受講生・会員の方々にも感謝します。この人たちの存在なくして現在の私はありません。

そして、誰よりもこの本を最後まで読み通してくれたあなたに感謝します。アドラーの言葉があなたの知識の断片だけでなく血となり肉となり、あなたの生活に潤いをもたらすことを願っています。

アルフレッド・アドラーの１５４回目の誕生日を前に

有限会社ヒューマン・ギルド代表取締役

岩井俊憲

ヒューマン・ギルド　https://www.hgld.co.jp/

アルフレッド・アドラー年譜　Alfred Adler　1870-1937

1870　2月7日、オーストリア・ウィーン郊外のルドルフスハイムで生まれる。7人きょうだいの第2子で上に兄・ジークムントがいる。ユダヤ人の中産階級で、父親は穀物商を営んでいた。幼少期はくる病や喘息の発作に苦しんでいた

1874　アドラーが4歳直前に3歳下の弟・ルドルフを亡くす。その時の体験とアドラー自身が病に苦しんだことで医師になりたいという気持ちをもつ

1888　ウィーン大学医学部に入学。学生時代は、社会主義者の政治集会にも参加。しかし、積極的な活動には加わらなかった

1895　ウィーン大学で医師の資格を得る（当初は眼科、次に内科の診療所を開業）

1897　一生の伴侶となるライサ・ティモフェイブナ・エプスタイン（モスクワ生まれのユダヤ人の商人の娘。チューリッヒ大学に籍を置き、動物学を学ぶ）と結婚

1902　オーストリアの心理学者・精神科医のジークムント・フロイトと出会う。アドラーはフロイトが始めた心理学水曜会に招かれてメンバーに。その後9年間共同研究に携わる

1907　事実上の処女作となる『器官劣等性の研究』を上梓

1910　ウィーン精神分析学会の会長に就任

1911　オーストリアの市民権が与えられる（それまでは、ハンガリー国籍）。フロイトと決別、アドラーは仲間たちとともに、自由精神分析協会を設立する（のちに個人心理学会へ名称変更）。これを機に、フロイト路線

	とは完全に決別し、自らの心理学・理論を確立していく
1912	彼の事実上2冊目の本『神経質性格について』出版
1916	第一次世界大戦へ軍医として従軍。多くの患者や負傷者の治療に携わる。のちに、共同体感覚こそ重要だと気づく契機に
1920	この年からいくつかの施設（教師のための相談所、医学的・教育的な相談所、幼稚園など）の設立に取りかかり、しだいに拡張。アドラー心理学により教育を改革し、普及する方向に転換する
1924	ウィーン市の教育研究所の教授に就任
1926	アメリカに初めての講演旅行に出かける
1929	ニューヨークのコロンビア大学で公開講座の講師を担当
1930	ウィーン名誉市民の称号を受ける
1932	アメリカのロングアイランド医科大学で教え始める
1934	ドイツ・ナチスの脅威がしだいに深刻なものになり、拠点をアメリカにすることを決意。彼が重病に罹ったことを契機にライサたちの家族が一緒に住み始める
1937	スコットランドのアバディーンの路上で倒れ、心臓発作のため死去。享年67歳

参考文献　＊直接参照したものに限定

アドラーの著書

『アドラーのケース・セミナー　ライフ・パターンの心理学』（A・アドラー著、W・B・ウルフ編、岩井俊憲訳、一光社）
『人間知の心理学』（A・アドラー著、岸見一郎訳、アルテ）
『性格の心理学』（A・アドラー著、岸見一郎訳、アルテ）
『個人心理学の技術Ⅰ　伝記からライフスタイルを読み解く』（A・アドラー著、岸見一郎訳、アルテ）
『教育困難な子どもたち』（A・アドラー著、岸見一郎訳、アルテ）
『人はなぜ神経症になるのか』（A・アドラー著、岸見一郎訳、アルテ）
『個人心理学講義』（A・アドラー著、岸見一郎訳、アルテ）
『子どもの教育』（A・アドラー著、岸見一郎訳、アルテ）
『個人心理学の技術Ⅱ　子どもたちの心理を読み解く』（A・アドラー著、岸見一郎訳、アルテ）
『人生の意味の心理学　上』（A・アドラー著、岸見一郎訳、アルテ）
『人生の意味の心理学　下』（A・アドラー著、岸見一郎訳、アルテ）
『生きる意味を求めて』（A・アドラー著、岸見一郎訳、アルテ）
『生きるために大切なこと』（A・アドラー著、桜田直美訳、方丈社）
『生きる意味』（A・アドラー著、長谷川早苗訳、興陽館）
『器官劣等性の研究』（A・アドラー著、安田一郎訳、金剛出版）
『人間をかんがえる』（A・アドラー著、山下肇・山下萬里訳、河出書房新社）

関連書籍

〈アドラーの後継者たちの本〉

『アドラー心理学の基礎』（R・ドライカース著、宮野栄訳、一光社）

"The Individual Psychology of Alfred Adler: A Systematic Presentation in Selections from his Writings" Edited by Heinz L. Ansbacher and Rowena R. Ansbacher, Basic Books, 1956

"Superiority and Social Interest: A Collection of Later Writings" Edited by Heinz L. Ansbacher and Rowena R. Ansbacher, Northwestern University Press, 1964

"Co-operation Between the Sexes: Writing on Women and Men, Love and Marriage, and Sexuality" Edited by Heinz L. Ansbacher and Rowena R. Ansbacher, W.W. Norton&Company,1982

〈アドラーの伝記など〉

『アドラーの思い出』（G・J・マナスター・G・ペインター・D・ドイッチュ・B・J・オーバーホルト編、柿内邦博・井原文子・野田俊作訳、創元社）

『アドラーの生涯』（エドワード・ホフマン著、岸見一郎訳、金子書房）

『無意識の発見 下　力動精神医学発達史』（アンリ・エレンベルガー著、木村敏・中井久夫監訳、弘文堂）

超訳 アドラーの言葉
エッセンシャル版

発行日 2024年1月26日 第1刷
2024年5月22日 第6刷

Author アルフレッド・アドラー

Translator 岩井俊憲

Illustrator 市村譲

Book Designer LABORATORIES

Publication 株式会社ディスカヴァー・トゥエンティワン
〒102-0093 東京都千代田区平河町2-16-1
平河町森タワー11F
TEL 03-3237-8321（代表） 03-3237-8345（営業）
FAX 03-3237-8323
https://d21.co.jp/

Publisher 谷口奈緒美

Editor 大田原恵美

Proofreader 文字工房燦光

DTP 株式会社RUHIA

Printing 日経印刷株式会社

ISBN978-4-7993-3010-4
Adler No Kotoba by Toshinori Iwai

A MILLIONAIRE'S
WISDOM
超訳
アンドリュー・カーネギー
エッセンシャル版
大富豪の知恵
Andrew Carnegie
佐藤けんいち 編訳
良心こそが
成功を
左右する
渋沢栄一やビル・ゲイツ、ウォーレン・バフェットも敬愛した
伝説の大富豪に学ぶお金と人生の本質
Discover